Qu'est-ce qu'on mange?

Express

Plus de **200 recettes**
coups de cœur et rapides à exécuter

Les Cercles de Fermières du Québec

Concept et réalisation : **Communiplex Marketing inc**

Coordination du contenu : **Diane Couturier Services Conseils inc**

Contenu rédactionnel : **Communiplex Marketing inc**

Révision d'épreuves : **Louise Picard**

Conception graphique et mise en pages : **Studio Idées en page inc**

Illustrations : **Dannielle Lindeman**

Photo couverture : **shutterstock images ©**

Adjoint à la production : **Charles Banal**

Dépot légal, troisième trimestre 2011
Bibliothèque nationale du Québec
Bibliothèque nationale du Canada

ISBN: 978-2-920908-70-3

Imprimé au Canada

Mot de la présidente

Depuis 1978, les membres des Cercles de Fermières du Québec partagent leur savoir-faire culinaire en échangeant les secrets qui assurent la préparation d'excellents repas sur nos tables familiales québécoises.

Depuis toutes ces années, les principes de nutrition ont évolué. En effet, les contraintes de diverses provenances sont de plus en plus présentes et contribuent à influencer le choix des aliments que nous consommons. Les marchés regorgent d'aliments variés. Les fruits et les légumes sont présents dans les étagères tout au long de l'année. À partir de ces réalités, les menus prennent une allure différente.

Les réalités de la vie quotidienne ont bien changé dans les dernières années. Les couples sont sur le marché du travail pour la plupart et leurs enfants sont à la garderie. Les jeunes étudiants sont au Collège ou à l'Université. Tout ce monde revient à la maison en fin de journée affamé et souvent pressé par les tâches familiales ou scolaires.

Le repas doit être savoureux, la préparation doit être rapide tout en conservant les principes essentiels d'une bonne alimentation. En préparant cet ouvrage, les membres des Cercles de Fermières du Québec veulent agrémenter la vie de tous les jours des Québécoises et des Québécois en leur offrant des recettes simples, faciles d'exécution et nutritives.

Les Cercles de Fermières du Québec remercient les membres qui ont fait parvenir des recettes afin de rendre possible la publication de cet ouvrage. Nos remerciements s'adressent également à Communiplex Marketing, pour sa collaboration à la mise en page de cette publication.

Bon appétit en découvrant les recettes du livre **Qu'est-ce qu'on mange? Express**

Yolande Labrie

Yolande Labrie,
présidente

Amuse-bouche

Ailes de poulet au paprika

Pour 8 personnes

Temps de préparation : 15 minutes

Temps de réfrigération : 60 minutes

Temps de cuisson : 10 minutes

Ingrédients

16 ailes de poulet

5 ml (1 c. à thé) de poivre noir

10 ml (2 c. à thé) de sel d'ail

10 ml (2 c. à thé) de poudre d'oignon

15 ml (1 c. à soupe) de paprika

30 ml (2 c. à soupe) d'huile de canola

125 ml (1/2 tasse) de sauce tomate du commerce (ou recette en page 177)

30 ml (2 c. à soupe) de sauce Worcestershire

20 ml (4 c. à thé) de beurre, fondu

10 ml (2 c. à thé) de sucre

10 ml (2 c. à thé) de Tabasco

Couper le bout de l'aile et séparer chaque aile en 2 parties en sectionnant au joint d'articulation.

Dans un bol, mélanger le poivre, le sel d'ail, la poudre d'oignon et le paprika. En utilisant vos doigts, enduire les ailes de ce mélange.

Dans une grande poêle, chauffer l'huile et faire revenir les ailes par petites quantités à la fois jusqu'à ce qu'elles soient dorées.

Retirer et déposer sur un papier absorbant.

Placer les ailes dans un plat de verre peu profond.

Dans un bol, mélanger le reste des ingrédients et verser sur les ailes. Bien enrober les ailes. Couvrir et réfrigérer 60 minutes.

Préchauffer le barbecue à intensité moyenne. Cuire les ailes 7 à 10 minutes en tournant régulièrement et en badigeonnant à l'occasion.

Jacqueline Malenfant
Cercle Dégelis, Fédération 03

Boules de fromage

Pour 8 personnes

Temps de préparation : 15 minutes

Temps de réfrigération : 30 minutes

Ingrédients

115 g (4 oz) de fromage feta

225 g (8 oz) de fromage ricotta

60 ml (1/4 tasse) de ciboulette fraîche, hachée

2 ml (1/2 c. à thé) de poivre moulu

2 ml (1/2 c. à thé) de jus de citron

Garnitures au choix : amandes broyées, graines de sésame grillées, persil haché et noix de Grenoble broyées

Dans un bol, émietter le fromage feta et ajouter le fromage ricotta, la ciboulette, le poivre et le jus de citron. Bien amalgamer la préparation et placer au réfrigérateur 30 minutes.

Former des petites boules de la grosseur d'une bille. Enrober les boules de garniture. 🌿

Huguette Lessard
Cercle Sainte-Angèle-de-Prémont
Fédération 17

Autres suggestions

• remplacer le feta et la ricotta par du **fromage à la crème** et du **fromage cheddar** râpé finement, une échalote hachée, 125 ml (1/2 tasse) de cornichons hachés, 30 ml (2 c. à soupe) de mayonnaise et 5 ml (1 c. à thé) de sauce Worcestershire. Enrober de noix de pin. (**Murielle Lupin**, Cercle Sainte-Anne-des-Plaines, Fédération 16)

• incorporer du jambon haché et du sel de céleri à la suggestion ci-dessus et enrober de pacanes grillées et hachées. (**Lyne Valin**, Cercle Rivière-Héva, Fédération 22)

Croûtes aux crevettes et champignons

Pour 4 personnes
Temps de préparation : 10 minutes
Temps de cuisson : 10 minutes

Ingrédients

1 pain baguette, coupé en tranches taillées en diagonale

250 ml (1 tasse) de crevettes

1 boîte de 284 ml (10 oz) de crème de champignons

60 ml (4 c. à soupe) de poivron rouge, coupé en dés

2 échalotes, hachées finement

60 ml (1/4 tasse) de mayonnaise

125 ml (1/2 tasse) de fromage râpé

Sel et poivre

Préchauffer le four à 200 °C (400 °F).

Dans un bol, mélanger tous les ingrédients à badigeonner sur les tranches de pain.

Déposer les tranches sur une plaque à biscuits. Enfourner et cuire 10 minutes. 🌿

Ginette Mayer
Cercle Laverlochère, Fédération 14

Dattes farcies

Pour 8 personnes
Temps de préparation : 5 minutes
Temps de cuisson : 10 minutes

Ingrédients

16 dattes

60 ml (1/4 tasse) de fromage bleu, émietté

30 ml (2 c. à soupe) de crème 35 %

Préchauffer le four à 160 °C (325 °F).

Dans un bol, amalgamer le fromage bleu et la crème.

Retirer le noyau des dattes et insérer 5 ml (1 c. à thé) du mélange au fromage dans chaque datte.

Tapisser une plaque de papier parchemin et déposer les dattes. Placer la plaque sur la grille au centre du four et cuire 10 minutes.

Fédération 06

Suggestion

Vous pouvez également servir les dattes farcies au moment du dessert.

Mini-pizza au saumon

Pour 4 personnes
Temps de préparation : 10 minutes
Temps de cuisson : 10 minutes

Ingrédients

4 pains pita

250 ml (1 tasse) de sauce à pizza du commerce

125 ml (1/2 tasse) de fromage mozzarella, tranché

250 ml (1 tasse) de saumon rose en conserve, égoutté

15 ml (1 c. à soupe) de câpres, rincées et hachées

250 ml (1 tasse) d'oignon, tranché finement

1 poivron vert, tranché finement

125 ml (1/2 tasse) de champignons, tranchés finement

Persil, thym et marjolaine, frais ou séché

Fromage parmesan au goût

Préchauffer le four à 200 °C (400 °F).

Disposer les pains pita sur une plaque allant au four. Badigeonner de sauce à pizza. Recouvrir de tranches de fromage mozzarella. Disposer le saumon, les câpres, l'oignon, le poivron vert et les champignons sur chaque pain. Saupoudrer de persil, de thym et de marjolaine. Recouvrir de parmesan.

Cuire au four 10 minutes ou jusqu'à ce que le fromage soit légèrement doré. 🍃

Jeannine Roy
Cercle Saint-Paul-d'Abbotsford
Fédération 10

Crevettes marinées à la lime et au gingembre

Pour 4 personnes
Temps de préparation : 10 minutes
Temps de marinade : 15 minutes
Temps de cuisson : 5 minutes

Ingrédients

8 crevettes, décortiquées et nettoyées
30 ml (2 c. à soupe) d'huile de tournesol
15 ml (1 c. à soupe) de gingembre frais, râpé
Le jus de 2 limes
15 ml (1 c. à soupe) de sauce de poisson*

Sauce

2 gousses d'ail, hachées finement
0,5 ml (1/8 c. à thé) de flocons de piment
15 ml (1 c. à soupe) de sucre
125 ml (1/2 tasse) de jus de lime
15 ml (1 c. à soupe) de sauce de poisson
60 ml (1/4 tasse) d'eau

Préparer la sauce : dans un bol, mélanger l'ail, le piment et le sucre. Ajouter le jus de lime, la sauce de poisson et l'eau. Réserver.

Dans un bol, mariner les crevettes dans l'huile, le gingembre, le jus de lime et la sauce de poisson. Couvrir d'une pellicule plastique et placer au froid 15 minutes.

Dans une poêle, faire griller les crevettes 2 à 3 minutes de chaque côté, selon leur taille. 🍃

Fédération 02

*Sauce de poisson : sauce asiatique salée et riche en protéines, elle ajoute une délicate et riche saveur aux plats de viandes, de poissons et de légumes. Au Vietnam, on lui donne le nom de nuoc mam.

Cuisson des crevettes : une cuisson prolongée durcira les crevettes.

Noix mélangées piquantes au sel

Portion : 8 personnes
Temps de préparation : 10 minutes
Temps de cuisson : 30 minutes

Ingrédients

2 blancs d'œufs
10 ml (2 c. à thé) de sel
160 ml (2/3 tasse) de sucre
10 ml (2 c. à thé) de sauce
   Worcestershire
15 ml (1 c. à soupe) de paprika
   (de préférence hongrois doux)
5 ml (1 c. à thé) de piment de Cayenne
250 ml (1 tasse) d'amandes
250 ml (1 tasse) de noisettes
250 ml (1 tasse) de pacanes
60 ml (1/4 tasse) de beurre non salé,
   fondu

Préchauffer le four à 160 °C (325 °F).

Dans un grand bol, battre les blancs d'œufs avec le sel jusqu'à ce qu'ils deviennent très mousseux. Ajouter graduellement le sucre, la sauce Worcestershire, le paprika et le piment de Cayenne. Ajouter les amandes, les noisettes, les pacanes et le beurre. Mélanger bien et étaler sur une plaque.

Placer la plaque sur la grille au centre du four et cuire 30 minutes en remuant chaque 10 minutes, jusqu'à ce que les noix soient dorées et croustillantes.

Laisser tiédir sur une feuille d'aluminium.

Fédération 16

Version sucrée : remplacer la sauce Worcestershire par du sirop d'érable, le paprika par de la muscade et le piment de Cayenne par de la cannelle.

Olives épicées

Pour 8 personnes
Temps de préparation : 5 minutes
Temps de cuisson : 2 minutes

Ingrédients

250 ml (1 tasse) d'olives noires
30 ml (2 c. à soupe) d'huile d'olive
15 ml (1 c. à soupe) de romarin
15 ml (1 c. à soupe) de jus d'orange
Zeste d'un quartier d'orange
5 ml (1 c. à thé) de flocons de piment
Poivre du moulin

Dans une casserole, placer tous les ingrédients et chauffer à feu doux 2 minutes.

Fédération 01

Pitas assaisonnés

Pour 8 personnes

Temps de préparation : *10 minutes*

Temps de cuisson : *5 minutes*

Ingrédients

8 pains pita

60 ml (1/4 tasse) d'huile d'olive

Garniture au choix :

30 ml (2 c. à soupe) d'épices cajun
   broyées avec 15 ml (1 c. à soupe)
   de sucre

Herbes séchées au choix et une
   pincée de sel

Pesto de tomate

Pesto de basilic

Tapenade d'olives noires

Préchauffer le four à 200 °C (400 °F).

À l'aide de ciseaux, ouvrir le pain pita en découpant la bordure pour obtenir deux cercles.

Étendre sur une plaque allant au four et à l'aide d'un pinceau à pâtisserie, badigeonner d'huile d'olive.

Enduire de la garniture de votre choix. Découper en lisières ou en petites bouchées.

Cuire au four 5 minutes.

Fédération 04

Vous pouvez conserver les bouchées quelques jours en les plaçant dans un contenant hermétique.

Rouleaux à l'antipasto

Pour 6 personnes

Temps de préparation : *15 minutes*

Temps de réfrigération : *60 minutes*

Ingrédients

3 pains tortillas (saveur au choix)

1 boîte de cœurs de palmiers

1 boîte de cœurs d'artichauts

125 ml (1/2 tasse) d'olives noires,
   coupées en lamelles

6 olives vertes, coupées en lamelles

60 ml (1/4 tasse) de parmesan

250 ml (1 tasse) de fromage râpé
   (au choix)

80 ml (1/3 tasse) de mayonnaise

30 ml (2 c. à soupe) de pesto aux tomates

Couper les cœurs de palmiers et d'artichauts en dés.

Dans un bol, mélanger tous les ingrédients et étendre la préparation sur les tortillas.

Rouler les tortillas et les envelopper dans une pellicule plastique. Réfrigérer environ une heure.

Au service, couper les rouleaux en rondelles pour en faire 24 bouchées.

Ginette Boily

*Cercle Saint-Pierre, **Fédération 03***

Tartinade végétarienne

Pour 6 personnes

Temps de préparation : 10 minutes

Temps de cuisson : 10 minutes

Ingrédients

15 ml (1 c. à soupe) d'huile de canola

625 ml (2 1/2 tasses) d'oignons, hachés

3 gousses d'ail, écrasées

125 ml (1/2 tasse) de graines de tournesol

125 ml (1/2 tasse) de graines de lin, moulues

125 ml (1/2 tasse) de noix de Grenoble, hachées

10 ml (2 c. à thé) de cumin en poudre

1 boîte de haricots rouges, rincés et égouttés

45 ml (3 c. à soupe) de sauce tamari ou soya réduite en sel

250 ml (1 tasse) de fromage mozzarella partiellement écrémé, râpé

Poivre du moulin

Préchauffer le four à 175 °C (350 °F).

Dans une poêle, chauffer l'huile et faire revenir l'oignon et l'ail. Ajouter les graines de tournesol, les graines de lin, les noix et le cumin et cuire 2 minutes. Ajouter les haricots rouges et la sauce tamari.

Verser la préparation dans un moule à pain préalablement badigeonné d'huile de canola. Recouvrir du fromage râpé et mettre au four 10 minutes.

Retirer du four et laisser tiédir 10 minutes. Déposer la préparation dans le robot culinaire et pulser pour réduire en purée.

Au service, tartiner des craquelins, des tranches de pain baguette ou servir avec des légumes. 🌱

Rose-Marie Dugas
Cercle Nouvelle, **Fédération 01**

Congélation : vous pouvez très bien doubler la recette et congeler en portion de 250 ml (1 tasse).

Sablés au fromage et romarin

Pour 8 personnes

Temps de préparation : 15 minutes

Temps de cuisson : 15 minutes

Ingrédients

500 ml (2 tasses) de farine

20 ml (4 c. à thé) de poudre à pâte

5 ml (1 c. à thé) de sel

250 ml (1 tasse) de fromage cheddar fort, râpé finement

15 ml (1 c. à soupe) de romarin séché

160 ml (2/3 tasse) de graisse végétale

250 ml (1 tasse) de lait

Dans un bol, mélanger la farine, la poudre à pâte, le sel, le fromage et le romarin.

Incorporer la graisse pour obtenir une texture grumeleuse. Ajouter le lait et mélanger à la fourchette. Laisser reposer 5 minutes.

Préchauffer le four à 200 °C (400 °F).

Façonner une boule de pâte et pétrir légèrement sur une planche enfarinée. Abaisser la pâte à la main ou au rouleau pour obtenir une épaisseur de 1 cm (3/8 po). Découper la pâte à l'emporte-pièce de la taille de votre choix et déposer les rondelles sur une plaque non graissée.

Cuire au four 15 minutes. 🌱

France Godin
Cercle Anjou, **Fédération 13**

Note : vous pouvez remplacer le cheddar par du fromage bleu.

Soupes
et potages

15

Chaudrée de poisson

Pour 4 personnes
Temps de préparation : 10 minutes
Temps de cuisson : 15 minutes

Ingrédients

2 filets de poisson blanc à chair ferme,
   coupés en cubes

1 l (4 tasses) de fumet de poisson*

30 ml (2 c. à soupe) d'huile d'olive

30 ml (2 c. à soupe) de beurre

2 blancs de poireaux, coupés en dés

1 oignon, coupé en dés

3 carottes, coupées en dés

2 branches de céleri, coupées en dés

1/2 bulbe de fenouil, coupé en dés

2 pommes de terre, coupées en dés

250 ml (1 tasse) de crème 35 %

Ciboulette ciselée

Sel et poivre

Dans une casserole, chauffer la moitié du beurre et de l'huile. Ajouter le poireau, l'oignon, les carottes, le céleri et le fenouil et faire revenir 2 minutes. Ajouter les pommes de terre et le fumet de poisson. Porter à ébullition et laisser mijoter à feu moyen 15 minutes.

Ajouter la crème et amener à légère ébullition. Saler et poivrer.

Ajouter les cubes de poisson et cuire 2 minutes.

Au service, décorer de ciboulette.

Lise Roy,
Cercle Des Côteaux, **Fédération 13**

*** Fumet de poisson** : bien que le commerce propose du fumet de poisson en conserve ou en poudre, vous pouvez facilement préparer votre propre fumet de poisson et conserver l'excédent au congélateur. Dans une casserole, faire revenir des dés de céleri, d'oignon et de carotte quelques minutes dans du beurre sans les colorer, déposer une carcasse de poisson et couvrir d'eau à niveau. Saler et poivrer au goût. Laisser mijoter 30 minutes. Passer le liquide au tamis.

Potage de carottes et de panais

Pour 6 personnes
Temps de préparation : 10 minutes
Temps de cuisson : 20 minutes

Ingrédients

60 ml (1/4 tasse) d'huile d'olive

1 oignon, coupé en dés

1 gousse d'ail, hachée

375 ml (1 1/2 tasse) de carottes,
   coupées en cubes

250 ml (1 tasse) de panais,
   coupés en cubes

(Suite) ▶

60 ml (1/4 tasse) de riz à longs grains

250 ml (1 tasse) de bouillon de volaille

1 l (4 tasses) d'eau

5 ml (1 c. à thé) de coriandre

5 ml (1 c. à thé) de cumin

Sel et poivre

30 ml (2 c. à soupe) de persil,
*   haché finement*

Dans une casserole, faire chauffer l'huile d'olive. Ajouter l'oignon et l'ail et faire revenir 2 minutes. Ajouter les carottes, le panais, le riz, le bouillon de volaille et l'eau. Cuire 20 minutes.

Ajouter la coriandre, le cumin, le sel et le poivre.

Passer au mélangeur pour obtenir une consistance onctueuse.

Au service, parsemer de persil. 🌱

Jeannine Roy
Cercle Saint-Paul-d'Abbotsford
Fédération 10

Gaspacho

Pour 6 personnes
Temps de préparation : *15 minutes*

Ingrédients

1 boîte de 796 ml (28 onces)
*   de tomates en dés*

1 poivron vert, coupé en dés

2 branches de céleri, coupées en dés

1/2 concombre anglais, coupé en dés

1 échalote française, hachée finement

1 gousse d'ail, hachée finement

60 ml (1/4 tasse) d'eau

30 ml (2 c. à soupe) d'huile d'olive

45 ml (3 c. à soupe) de vinaigre
*   de vin rouge*

5 ml (1 c. à thé) de sel

5 ml (1 c. à thé) de sucre

Poivre du moulin

45 ml (3 c. à soupe) de yogourt nature

Dans un grand bol, mélanger tous les ingrédients. Couvrir et réfrigérer au moins 2 heures.

Dans un mélangeur, pulser 30 secondes.

Au service, décorer d'une cuillerée de yogourt. 🌱

Louise Bédard
Cercle Notre-Dame-des-Laurentides
Fédération 25

La **gaspacho** se prépare à l'avance et se sert surtout l'été. Vous pouvez aussi servir de petites portions dans une verrine, à boire lors d'un cocktail.

Crème de poulet à la grecque

Pour 4 personnes
Temps de préparation : 10 minutes
Temps de cuisson : 15 minutes

Ingrédients

15 ml (1 c. à soupe) d'huile d'olive
15 ml (1 c. à soupe) de beurre
1 échalote française, tranchée finement
750 ml (3 tasses) de bouillon de volaille
60 ml (1/4 tasse) de riz
2 œufs
Le jus d'un demi-citron
125 ml (1/2 tasse) de poulet cuit, coupé en cubes
Sel et poivre

Dans une poêle, chauffer l'huile d'olive et le beurre et faire revenir l'échalote 2 minutes. Ajouter le bouillon de volaille et le riz. Amener à ébullition, réduire le feu et laisser mijoter doucement 15 minutes.

Dans un bol, battre les œufs et le jus de citron. Incorporer une louche de bouillon et mélanger. Verser cette préparation dans le bouillon. Ajouter le poulet, le sel et le poivre et remuer jusqu'à épaississement.

Servir aussitôt. 🌱

Crème de champignons

Pour 4 personnes
Temps de préparation : 10 minutes
Temps de cuisson : 20 minutes

Ingrédients

45 ml (3 c. à soupe) de champignons séchés (shiitake ou cèpes)
30 ml (2 c. à soupe) d'huile d'olive
1 échalote française, tranchée finement
3 gousses d'ail, émincées
15 ml (1 c. à soupe) de romarin
15 ml (1 c. à soupe) de sauge
300 g (11 oz) de champignons de Paris
750 ml (3 tasses) de bouillon de volaille
125 ml (1/2 tasse) de crème 35 %
Sel et poivre

Dans un bol, réhydrater les champignons séchés en les recouvrant tout juste d'eau tiède.

Dans une poêle, chauffer l'huile d'olive et faire revenir l'échalote et l'ail 2 minutes. Ajouter le romarin et la sauge. Ajouter les champignons de Paris et faire revenir 5 minutes ou jusqu'à ce que les champignons aient rendu leur eau. Ajouter le bouillon de volaille et les champignons réhydratés avec leur eau*. Amener à ébullition, réduire le feu et laisser mijoter doucement 15 minutes.

Dans un mélangeur, mixer pour obtenir une texture onctueuse. Incorporer la crème, le sel et le poivre. Pulser de nouveau. Replacer dans une casserole pour réchauffer la préparation. 🍏

Fédération 04

Les champignons séchés peuvent contenir quelques grains de terre ou de sable. Lorsqu'ils auront été réhydratés, il est préférable de passer l'eau au tamis avant de l'utiliser.

Crème d'asperges et d'épinards

Pour 4 personnes
Temps de préparation : 10 minutes
Temps de cuisson : 20 minutes

Ingrédients

300 g (11 oz) d'asperges
15 ml (1 c. à soupe) de beurre
1 échalote française, tranchée finement
170 g (6 oz) de jeunes feuilles d'épinards
750 ml (3 tasses) de bouillon de volaille
15 ml (1 c. à soupe) d'herbes salées
60 ml (1/4 tasse) de crème 35 %
5 ml (1 c. à thé) de cumin
Zeste d'orange

Béchamel

30 ml (2 c. à soupe) de beurre
30 ml (2 c. à soupe) de farine
125 ml (1/2 tasse) de lait
Sel et poivre

Préparation de la béchamel : dans une casserole, faire fondre le beurre sur feu doux. Ajouter la farine et remuer pour incorporer tout le beurre. Cuire 2 minutes. Ajouter le lait lentement en remuant constamment. Cuire à feu doux environ 10 minutes jusqu'à ce que la béchamel épaississe. Saler et poivrer. Retirer du feu et réserver.

Dans une casserole, faire cuire les asperges*. Couper les pointes et réserver. Couper les tiges en trois tronçons.

Dans une poêle, chauffer le beurre et faire revenir l'échalote 2 minutes. Ajouter les épinards et faire revenir 3 minutes en remuant à l'occasion.

Dans une casserole, amener le bouillon de volaille à ébullition et réduire le feu. Ajouter les tronçons d'asperges, les feuilles d'épinards et les herbes salées. Laisser mijoter 5 minutes.

Dans un mélangeur, mixer les légumes pour obtenir une texture onctueuse. Incorporer la béchamel, le sel et le poivre. Pulser de nouveau. Remettre dans une casserole pour réchauffer la préparation.

Au service, décorer d'un filet de crème, des pointes d'asperges, de zeste d'orange et saupoudrer de cumin. 🍏

Solange Charest
*Cercle St-Léon-le-Grand, **Fédération 02***

Cuire les asperges : Il est souvent nécessaire de couper ou de peler le pied de l'asperge pour éliminer la partie ligneuse. Évitez de trop les cuire car elles perdent leur saveur et leur valeur nutritive. Placer les asperges dans environ 2,5 cm (1 po) d'eau dans une poêle antiadhésive et cuire 3 minutes. Évitez de cuire dans une casserole de fer car le tannin qu'elles contiennent en grande quantité réagit avec le fer, ce qui affecte leur couleur.

Potage de chou-fleur

Pour 4 personnes
Temps de préparation : 10 minutes
Temps de cuisson : 20 minutes

Ingrédients

1 chou-fleur, coupé en bouquets
45 ml (3 c. à soupe) de beurre
45 ml (3 c. à soupe) de farine
750 ml (3 tasses) de bouillon de volaille
2 branches de céleri, coupées en dés
1 oignon, coupé en dés
225 g (8 oz) de tofu soyeux
5 ml (1 c. à thé) de persil frais
5 ml (1 c. à thé) de ciboulette, hachée
Graines de sésame
Sel et poivre

Dans une casserole, cuire les bouquets de chou-fleur 10 minutes dans de l'eau salée. Égoutter et réserver 1/2 tasse de bouquets pour garnir le potage.

Dans une casserole, faire fondre le beurre. Ajouter la farine et lier au beurre en remuant. Ajouter graduellement le bouillon de volaille en remuant constamment avec un fouet. Ajouter le céleri et l'oignon et laisser mijoter 15 minutes. Ajouter les bouquets de chou-fleur et poursuivre la cuisson 5 minutes.

Retirer du feu, ajouter le tofu et passer au mélangeur. Saler et poivrer.

Au service, décorer chaque assiette d'un bouquet de chou-fleur et saupoudrer d'un peu de persil, de ciboulette et de graines de sésame.

Diane Petit
Cercle La Reine, Fédération 23

Potage de navets et orange

Pour 4 personnes
Temps de préparation : 10 minutes
Temps de cuisson : 15 minutes

Ingrédients

80 ml (1/3 tasse) de beurre
1 oignon, coupé en dés
1 branche de céleri, coupée en dés
3 tasses de navets, coupés en cubes
1 pomme de terre, pelée et
   coupée en cubes
500 ml (2 tasses) de bouillon de volaille
250 ml (1 tasse) de jus d'orange
45 ml (3 c. à soupe) de sirop d'érable
1 ml (1/4 c. à thé) de sel
1 pincée de poivre
75 ml (1/3 tasse) de crème 35 %
1 pincée de paprika doux ou fumé
   (optionnel)

Dans une casserole, faire fondre le beurre. Ajouter les légumes et faire revenir 5 minutes. Ajouter le bouillon de volaille et le jus d'orange. Réduire le feu et laisser mijoter 15 minutes.

Passer au mélangeur pour obtenir une consistance onctueuse. Ajouter le sirop d'érable, la crème, le sel et le poivre. Pulser de nouveau.

Au service, vous pouvez ajouter une touche de fantaisie en saupoudrant une pincée de paprika doux ou fumé. 🌿

Monique Tanguay
Cercle Saint-Noël de Thetford
Fédération 06

Conseil : lorsque vous épluchez le navet, assurez-vous de retirer toute la pelure sinon il risque d'être amer.

Potage maritime
Pour 4 personnes
Temps de préparation : *10 minutes*
Temps de cuisson : *15 minutes*

Ingrédients
450 g (1 lb) de moules cuites, débarrassées de leur coquille
225 g (1/2 lb) de crevettes décortiquées
30 ml (2 c. à soupe) de beurre
1 oignon, haché finement
2 pommes de terre, râpées
425 ml (1 3/4 tasse) de lait
500 ml (2 tasses) d'eau   *(Suite)* ➤

1 gousse d'ail, hachée
80 ml (1/3 tasse) de crème 35 %
4 branches de persil, ciselées
Sel et poivre

Dans une casserole, faire fondre la moitié du beurre. Ajouter l'oignon et faire revenir 2 minutes. Ajouter les pommes de terre, le lait et l'eau. Amener à ébullition, réduire le feu et laisser mijoter 10 minutes.

Dans une autre casserole, faire fondre le reste du beurre. Ajouter l'ail, les moules et les crevettes et cuire 1 minute.

Dans un mélangeur, pulser la préparation de légumes pour obtenir une texture onctueuse. Incorporer la crème, le sel et le poivre. Pulser de nouveau.

Au service, verser la préparation de légumes et partager les moules et les crevettes dans chaque plat. Décorer de persil. 🌿

Annette Cyr
Cercle Lavernière, **Fédération 21**

Soupe aux lentilles et lait de coco

Pour 6 personnes
Temps de préparation : 10 minutes
Temps de cuisson : 40 minutes

Ingrédients

250 ml (1 tasse) de lentilles sèches
45 ml (3 c. à soupe) d'huile d'olive
    ou de tournesol
1 oignon espagnol, émincé
3 gousses d'ail, hachées
15 ml (1 c. à soupe) de gingembre frais,
    haché finement
2 ml (1/2 c. à thé) de cari
2 ml (1/2 c. à thé) de coriandre
2 ml (1/2 c. à thé) de cumin
1 ml (1/4 c. à thé) de cannelle
1 ml (1/4 c. à thé) de cayenne
1 l (4 tasses) de bouillon de volaille
    ou de légumes
1 boîte de 398 ml (14 oz) de tomates
    italiennes, en dés
1 boîte de 284 ml (10 oz) de lait de coco
Le jus d'une lime
Sel et poivre
Coriandre fraîche

Dans une casserole, déposer les lentilles et couvrir d'eau. Cuire 20 minutes. Égoutter les lentilles et conserver l'eau de cuisson.

Dans une autre casserole, chauffer l'huile d'olive et faire revenir l'oignon émincé 2 mi-nutes. Ajouter l'ail, le gingembre et les épices et poursuivre la cuisson 1 minute. Ajouter les lentilles, l'eau de cuisson, le bouillon de volaille et les tomates. Laisser mijoter 20 minutes.

Ajouter le lait de coco et le jus de lime. Saler et poivrer.

Au service, parsemer de coriandre fraîche.

Lise Laplante
Cercle Mirabel, **Fédération 16**

Cette soupe est une excellente source de protéines et se congèle facilement.

Vichyssoise

Pour 6 personnes
Temps de préparation : 15 minutes
Temps de cuisson : 25 minutes
Temps de réfrigération : 2 heures

Ingrédients

125 ml (1/2 tasse) de beurre
1 kg (2 1/4 lb) de poireaux lavés,
    parés et coupés finement
3 pommes de terre, pelées et
    coupées en dés
2 branches de céleri, coupées en dés
500 ml (2 tasses) de bouillon de volaille
500 ml (2 tasses) de lait
5 ml (1 c. à thé) de sucre
2 ml (1/2 c. à thé) de muscade
Sel et poivre
250 ml (1 tasse) de crème 35 %

Ciboulette ciselée

Dans une casserole, chauffer le beurre à feu moyen et faire revenir les poireaux, les pommes de terre et le céleri 8 minutes en remuant à l'occasion.

Ajouter le bouillon de volaille et le lait et porter à ébullition. Ajouter le sucre, la muscade, le sel et le poivre. Réduire le feu et laisser mijoter 15 minutes.

Dans un mélangeur, pulser pour obtenir une consistance onctueuse. Remettre le tout dans la casserole et porter de nouveau à ébullition en fouettant constamment. Laisser mijoter 2 minutes. Retirer du feu et verser dans un contenant. Réfrigérer au moins 60 minutes.

Au service, ajouter la crème et décorer de ciboulette. 🌿

Fédération 12

La classique Vichyssoise est un potage froid à servir en début de repas ou dans des verrines pour un cocktail.

Velouté de potiron aux pommes épicées

Pour 4 personnes
Temps de préparation : 10 minutes
Temps de cuisson : 15 minutes

Ingrédients

30 ml (2 c. à soupe) d'huile d'olive
1 potiron de 1,5 à 2 kg (3 à 4 lb),
   pelé et coupé en cubes   (Suite) ➤

2 oignons, hachés
2 gousses d'ail, émincées
2 carottes, tranchées finement
2 pommes de terre, pelées et
   coupées en cubes
750 ml (3 tasses) de bouillon de volaille
250 ml (1 tasse) de crème 15 %
1 pincée de muscade
1 clou de girofle
Sel et poivre
1 pomme Granny Smith, coupée en dés

Dans une casserole, chauffer l'huile d'olive et faire revenir le potiron, les oignons, l'ail, les carottes et les pommes de terre 3 minutes. Ajouter le bouillon de volaille. Amener à ébullition, réduire le feu et laisser mijoter doucement 15 minutes.

Dans un mélangeur, pulser pour obtenir une consistance onctueuse. Remettre dans la casserole et ajouter la crème, la muscade et le clou. Laisser mijoter 2 minutes. Retirer le clou de girofle. Saler et poivrer.

Au service, décorer de dés de pomme. 🌿

Huguette Cousineau
Cercle Saint-Raphaël, **Fédération 04**

Vous pouvez remplacer le potiron par la citrouille ou la courge. Ce sera tout aussi bon.

Entrées

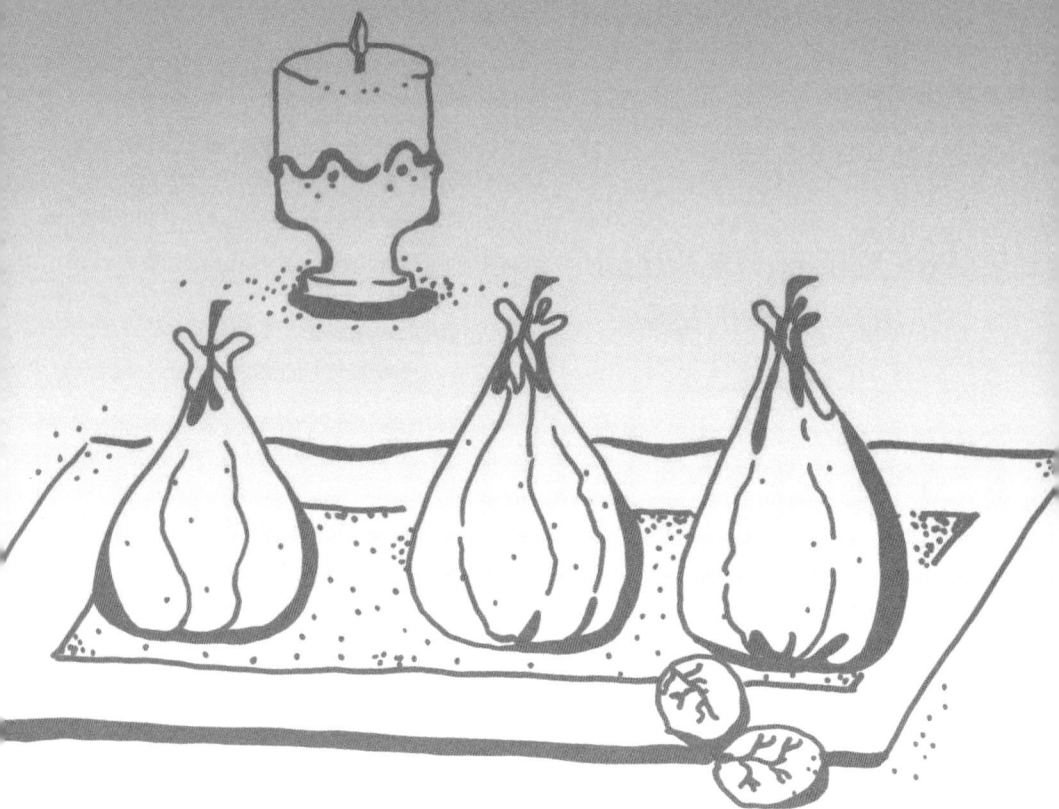

Asperges grillées, sauce mousseline

Pour 4 personnes

Temps de préparation : 15 minutes

Ingrédients

1 botte d'asperges, parées

15 ml (1 c. à soupe) d'huile d'olive

Sel et poivre

30 ml (2 c. à soupe) d'eau

30 ml (2 c. à soupe) de vinaigre
  de vin blanc

5 ml (1 c. à thé) de poivre blanc, concassé

4 jaunes d'œufs

250 ml (1 tasse) de beurre doux, clarifié*

Jus d'un demi-citron

1 pincée de poivre de cayenne

80 ml (1/3 tasse) de crème 35 %

Préchauffer le four à 175 °C (350 °F).

Déposer les asperges sur une plaque allant au four. Arroser d'huile d'olive et assaisonner de sel et de poivre au goût. Cuire 10 minutes ou jusqu'à ce qu'elles soient légèrement dorées, mais encore croquantes.

Dans une casserole, porter à ébullition l'eau, le vinaigre et le poivre. Laisser mijoter 1 minute ou jusqu'à ce que le mélange réduise à 30 ml (2 c. à soupe). Retirer du feu et laisser tiédir.

À l'aide d'un fouet, incorporer les jaunes d'œufs. Poser la casserole sur une casserole d'eau frémissante en évitant que le fond touche à l'eau et fouetter le mélange 5 minutes ou jusqu'à ce qu'il devienne crémeux. Retirer la casserole et la poser sur un linge humide pour la stabiliser. Ajouter le beurre clarifié en mince filet, en fouettant constamment avec un fouet jusqu'à épaississement. Ajouter le citron, le sel, le poivre et le poivre de cayenne. Conserver la sauce au chaud.

Au moment de servir, incorporer 80 ml (1/3 tasse) de crème 35 % légèrement fouettée dans la sauce et verser sur les asperges. 🌿

Fédération 05

*Chauffer le beurre à feu doux. Lorsque le petit-lait s'est séparé de la matière grasse, retirer du feu et écumer. N'utiliser que la matière grasse en laissant le petit-lait au fond de la casserole. Le beurre clarifié supporte mieux des températures de cuisson élevées.

La sauce mousseline accompagne bien un poisson poché. Ajouter 15 ml (1 c. à soupe) d'herbes ciselées : estragon, ciboulette ou cerfeuil.

Crevettes épicées et salsa à la mangue

Pour 4 personnes

Temps de préparation : 15 minutes

Temps de cuisson : 5 minutes

Ingrédients

24 crevettes

15 ml (1 c. à soupe) d'huile d'olive

15 ml (1 c. à soupe) de sambal olek*

Salsa

1 mangue, pelée et hachée finement

80 ml (1/3 tasse) d'oignon rouge,
haché finement

60 ml (1/4 tasse) de jus de lime

2 ml (1/2 c. à thé) de sel

Dans un bol, déposer les crevettes dans l'huile d'olive et le sambal olek. Laisser mariner 30 minutes.

Dans un bol, mélanger la mangue, l'oignon, le jus de lime et le sel. Laisser reposer 10 minutes.

Dans une grande poêle, faire revenir les crevettes 5 minutes.

Pour servir, déposer la salsa au centre de l'assiette et disposer ensuite les crevettes. 🌶

Fédération 02

* Le **sambal olek** est une pâte de piments forts. En remplacement de cet ingrédient, vous pouvez tout aussi bien utiliser 5 ml (1 c. à thé) de poudre de chili.

Baluchons de poires et de fromage bleu, sauce aux noix

Pour 4 personnes

Temps de préparation : 15 minutes

Temps de cuisson : 20 minutes

Ingrédients

8 feuilles de pâte phyllo

60 ml (1/4 tasse) de beurre

5 ml (1 c. à thé) de sucre

2 poires, épluchées et tranchées

80 g (1/3 tasse) de fromage bleu, émietté

180 ml (3/4 tasse) de yogourt nature

60 ml (1/4 tasse) de parmesan, râpé

30 ml (2 c. à soupe) de pacanes,
grillées et broyées

30 ml (2 c. à soupe) de noisettes,
grillées et broyées

Sel et poivre

Préchauffer le four à 175 °C (350 °F).

Dans une poêle, chauffer 15 ml (1 c. à soupe) de beurre, ajouter le sucre et faire revenir les tranches de poires quelques minutes pour les colorer légèrement. Retirer du feu et laisser tiédir.

Dans une petite casserole, faire fondre le reste du beurre.

Découper les feuilles de pâte phyllo en deux.

(Suite) ➤

À l'aide d'un pinceau à pâtisserie, badigeonner chaque feuille de pâte avec du beurre. Superposer quatre demi-feuilles pour chaque baluchon. Déposer sur une plaque à pâtisserie.

Diviser les poires en quatre portions et déposer sur les feuilles de pâte. Parsemer de miettes de fromage bleu. Refermer les feuilles en formant un baluchon. À l'aide d'un pinceau, badigeonner légèrement la surface de chaque baluchon.

Enfourner et cuire 5 minutes.

Dans une casserole, mélanger le yogourt et le parmesan. Amener au point d'ébullition. Retirer aussitôt du feu et ajouter les pacanes et les noisettes. Saler et poivrer.

Verser la sauce dans les assiettes de présentation avant d'y déposer les baluchons. 🌱

Fédération 24

Duo de betteraves et vinaigrette aux herbes

Pour 4 personnes
Temps de préparation : 15 minutes

Ingrédients

1 betterave jaune, cuite au four et pelée*
1 betterave rouge, cuite au four et pelée*
250 g (8 oz) de saumon fumé, tranché
Sel et poivre   *(Suite)* ➤

Vinaigrette aux herbes

45 ml (3 c. à soupe) d'huile d'olive
15 ml (1 c. à soupe) de jus de citron
Ciboulette ciselée
Aneth
Sel et poivre

Trancher les betteraves finement.

Disposer les tranches de betteraves en rosace dans chaque assiette en alternant les couleurs.

Dans un bol, mélanger l'huile d'olive, le citron, la ciboulette et l'aneth. Saler et poivrer. Verser la vinaigrette sur les betteraves et laisser reposer 15 minutes.

Recouvrir de quelques tranches de saumon fumé et arroser d'un filet d'huile d'olive.

Servir avec des tranches de pain baquette frais sorti du four. 🌱

Fédération 07

*Pour des betteraves de grosseur moyenne, cuire entière avec leur pelure au four dans une feuille de papier d'aluminium à 225 °C (450 °F) pendant 45 minutes. Elles conserveront l'intensité de leur couleur.

Méli-mélo italien

Pour 4 personnes
Temps de préparation : 15 minutes

Ingrédients

4 tranches de saucisson sec ou
   de chorizo, coupées en dés

250 ml (1 tasse) de cantaloup,
   coupé en cubes

1 tranche d'ananas, coupée en dés

15 ml (1 c. à soupe) de vinaigre
   balsamique

4 petits bocconcini*, coupés en deux

4 cœurs d'artichaut, coupés en quartiers

60 ml (1/4 tasse) d'olives noires,
   tranchées

15 ml (1 c. à soupe) d'huile d'olive

4 tranches de prosciutto

Poivre noir

Quelques petites feuilles de basilic

Dans une poêle, dorer légèrement les dés de saucisson sec ou de chorizo. Réserver.

Dans un bol, mélanger le cantaloup, l'ananas, le saucisson et le vinaigre balsamique.

Dans un autre bol, mélanger les bocconcini, les coeurs d'artichauts, les olives, l'huile d'olive et le poivre noir. Ajouter le basilic.

Pour servir, former une fleur en roulant sur elle-même une tranche de prosciutto et déposer une fleur par assiette. Continuer le montage en déposant en alternance une petite cuillérée de chaque préparation autour de la fleur de prosciutto. Décorer de basilic. 🌿

Fédération 11

*Le bocconcini est une petite mozzarella originaire de la région de Naples, en Italie. Son nom signifie **petite bouchée** car les morceaux ont la taille d'un oeuf.

Mousse de saumon fumé

Pour 4 personnes
Temps de préparation : 10 minutes
Temps de réfrigération : 60 minutes

Ingrédients

60 ml (1/4 tasse) de mayonnaise

60 ml (1/4 tasse) de crème sure

90 g (3 oz) de saumon fumé, émietté

Zeste d'un citron

Sel et poivre

80 ml (1/3 tasse) de crème 35 %

Ciboulette

Aneth

Dans un bol, mélanger la mayonnaise, la crème sure, le saumon et le zeste de citron. Saler et poivrer.

Dans un bol, fouetter la crème. Incorporer la crème dans le mélange de saumon en pliant délicatement. Réfrigérer au moins une heure.

Au service, décorer de ciboulette et de brins d'aneth. Servir avec une salade de concombre arrosée d'une vinaigrette à l'aneth. 🍏

Huguette Denicourt
Cercle Saint-Paul-d'Abbotsford
Fédération 10

Cette mousse se sert très bien lors d'un cocktail. Pour une présentation facile, taillez des tranches de concombre et déposer une petite quantité de mousse sur chaque tranche. Décorez de ciboulette et d'aneth. Vous pouvez varier la présentation en déposant la mousse dans une cuillère à soupe ou dans une verrine. Décorer de petits dés de concombre aromatisés de quelques gouttes de vinaigre de riz.

Tarte aux champignons et à la pancetta

Pour 6 personnes
Temps de préparation : 15 minutes
Temps de cuisson : 30 minutes

Ingrédients

1 abaisse de pâte feuilletée

2 œufs

125 ml (1/2 tasse) de crème 35 %

80 ml (1/3 tasse) de parmesan, râpé

Sel et poivre

45 ml (3 c. à soupe) de beurre

(Suite) ➤

1 barquette de champignons de Paris ou café, brossés et tranchés

5 ml (1 c. à thé) de thym séché

5 ml (1 c. à thé) de sauge séchée

6 tranches de pancetta*

Préchauffer le four à 175 °C (350 °F).

Dans un moule à tarte, déposer l'abaisse en prenant soin de la piquer. Réserver.

Dans un bol, battre les œufs avec la crème. Ajouter le parmesan. Saler et poivrer.

Dans une poêle, chauffer le beurre et faire revenir les champignons à feu vif quelques minutes en remuant continuellement. Retirer du feu dès qu'ils commencent à rendre de l'eau. Ajouter le thym et la sauge. Déposer les champignons dans l'abaisse et recouvrir des tranches de pancetta. Verser le mélange d'œufs-crème et parmesan.

Enfourner et cuire 30 minutes.

Suggestion d'accompagnement
Salade d'endives et de pommes
(recette en page 32) 🍏

Fédération 22

* La **pancetta** est un produit de la charcuterie italienne fait de poitrine de porc salée, poivrée et séchée pendant environ trois mois. Elle peut être fumée ou non et plus ou moins épicée. Présentée souvent en roulade comme un gros saucisson, il en existe une vingtaine de types. Vous pouvez aussi la trouver en tranches dans des sachets sous-vides.

Salade tiède aux figues et aux portobellos

Pour 4 personnes
Temps de préparation : *15 minutes*

Ingrédients

15 ml (1 c. à soupe) d'huile de noisette*
1 petite échalote française, émincée
2 gros champignons portobellos, tranchés
30 ml (2 c. à soupe) de beurre
15 ml (1 c. à soupe) de sucre
6 figues fraîches, tranchées
Crème de vinaigre balsamique**

Mâche fraîche
Parmesan frais, tranché en copeaux minces

Dans une poêle, chauffer l'huile de noisette sur feu doux. Dorer l'échalote et les champignons portobellos durant 2 minutes.

Dans une autre poêle, faire fondre le beurre. Ajouter le sucre et laisser colorer légèrement. Ajouter les rondelles de figues et cuire 1 minute de chaque côté.

Déposer les champignons cuits et les rondelles de figues sur un lit de mâche. Arroser d'un filet d'huile de noisette et de crème de vinaigre balsamique.

Au service, décorer de copeaux de parmesan.

Fédération 15

*À défaut d'huile de noisette, utilisez de l'huile de canola ou de tournesol.

**À défaut de crème de vinaigre balsamique, vous pouvez faire bouillir du vinaigre balsamique pour obtenir une consistance légèrement sirupeuse.

Tarte à la tomate et au cheddar

Pour 6 personnes
Temps de préparation : 15 minutes
Temps de cuisson : 25 minutes

Ingrédients

1 abaisse de pâte feuilletée

15 ml (1 c. à soupe) de moutarde de Dijon

125 ml (1/2 tasse) de fromage cheddar, râpé

15 ml (1 c. à soupe) d'origan séché

6 tomates, tranchées finement

60 ml (1/4 tasse) d'olives noires, tranchées

15 ml (1 c. à soupe) de basilic séché

Sel et poivre

Quelques petites feuilles de basilic

Préchauffer le four à 175 °C (350 °F).

Dans un moule à tarte, déposer l'abaisse en prenant soin de la piquer avant de la cuire au four 10 minutes.

Dans un bol, mélanger la moutarde, le fromage et l'origan. Badigeonner l'abaisse de ce mélange. Recouvrir de tranches de tomates et d'olives noires. Parsemer de basilic séché. Saler et poivrer.

Enfourner et cuire 15 minutes.

Pour servir, décorer de quelques feuilles de basilic. Accompagner chaque pointe d'une salade de cresson ou de roquette. 🌿

Fédération 18

Salade d'endives, poires et crevettes

Pour 4 personnes
Temps de préparation : 10 minutes

Ingrédients

500 ml (2 tasses) de crevettes de Sept-Îles*

1 poire, pelée et tranchée finement

250 ml (1 tasse) de jeunes feuilles d'épinards

2 endives, tranchées finement dans le sens de la longueur

1 échalote, hachée finement

60 ml (1/4 tasse) de menthe fraîche, hachée

15 ml (1 c. à soupe) de miel

15 ml (1 c. à soupe) de jus de citron

30 ml. (2 c. à soupe) d'huile d'olive

Sel et poivre

Préparation de la vinaigrette : Dans un bol, mélanger le miel et le jus de citron. Ajouter l'huile d'olive graduellement. Saler et poivrer.

Dans un grand bol, mélanger la poire, les épinards, les endives, l'échalote et la menthe. Ajouter la vinaigrette. Déposer au centre dans chaque assiette. Ajouter les crevettes. 🌱

Doris Girard
*Cercle Saint-Bernard, **Fédération 04***

Endive : Retirer les feuilles brunies et le cœur à la base de chaque endive. Le cœur peut parfois être amer selon la saison.
L'endive se conserve quelques jours au réfrigérateur, dans un sac de plastique perforé. Elle est meilleure très fraîche.
La congélation ne lui convient pas.

*Aussi désignées comme des crevettes de Matane ou crevettes nordiques

33

Agneau

Brochettes d'agneau, marinade au citron et à l'origan

Pour 4 personnes

Temps de préparation : 15 minutes

Temps de marinade : 20 minutes

Temps de cuisson : 10 minutes

Ingrédients

450 g (1 lb) d'épaule d'agneau,
taillée en cubes de 2,5 cm (1 po)

60 ml (1/4 tasse) de jus de citron

30 ml (2 c. à soupe) d'huile d'olive

1 gousse d'ail, hachée finement

5 ml (1 c. à thé) d'origan séché

2 feuilles de laurier

2 ml (1/2 c. à thé) de sel

2 ml (1/2 c. à thé) de poivre moulu

1 courgette, tranchée

Petites tomates cerises

Faire tremper les brochettes de bois dans l'eau au moins 30 minutes.

Dans un bol, mélanger le jus de citron, l'huile, l'ail, l'origan, les feuilles de laurier, le sel et le poivre. Ajouter les cubes d'agneau et bien enrober la viande. Couvrir et réfrigérer au moins 20 minutes.

Déposer les tranches de courgette et les tomates cerises dans un bol. Les badigeonner d'huile d'olive et les saupoudrer de sel et de poivre.

Piquer en alternant des morceaux d'agneau, des tranches de courgette et les tomates cerises sur les brochettes.

Chauffer le barbecue et griller 8 à 10 minutes en retournant les brochettes de temps à autre.

Suggestion d'accompagnement

Un aïoli à la lime et à l'ail rôti (recette en page 174) et des aubergines au parmesan (recette en page 120).

Fédération 25

Burgers d'agneau, sauce yogourt et menthe

Pour 4 personnes

Temps de préparation : 15 minutes

Temps de cuisson : 10 minutes

Ingrédients

675 g (1 1/2 lb) d'agneau haché

1 oeuf

Le jus d'un citron

1 oignon, râpé

2 gousses d'ail, hachées finement

10 ml (2 c. à thé) de sel

Sauce au yogourt

Le jus de 2 limes

250 ml (1 tasse) de yogourt nature

(Suite) ➤

125 ml (1/2 tasse) de menthe, ciselée

Sel et poivre

4 pains ciabatta

Dans un bol, mélanger l'agneau, l'œuf, le jus de citron, l'oignon, l'ail et le sel. Laisser reposer 10 minutes.

Entretemps, dans un bol, mélanger les ingrédients de la sauce. Réserver au froid.

Façonner la viande en galettes et cuire sur le barbecue 4 à 6 minutes de chaque côté, selon l'épaisseur.

Réchauffer les pains sur la grille du barbecue.

Servir chaque galette nappée de sauce au yogourt. 💚

Fédération 04

Vous pouvez également façonner la viande en forme de saucisson, la cuire de cette manière et la servir avec une salade de pois chiches ou un taboulé.

Coquilles farcies à l'agneau et au poivron rouge, sauce tomate

Pour 4 personnes
Temps de préparation : 20 minutes
Temps de cuisson : 15 minutes

Ingrédients

12 coquilles géantes (pâtes alimentaires)
15 ml (1 c. à soupe) d'huile d'olive
450 g (1 lb) d'agneau haché
1 poivron rouge, haché
15 ml (1 c. à soupe) d'oignon, haché
1 ml (1/4 c. à thé) de sel
250 ml (1 tasse) de fromage ricotta
45 ml (3 c. à soupe) de romarin, haché
1 gousse d'ail, hachée
250 ml (1 tasse) de sauce tomate (recette en page 177)
250 ml (1 tasse) de mozzarella, râpé
125 ml (1/2 tasse) de parmesan, râpé

Préchauffer le four à 180 °C (375 °F).

Dans une grande casserole, porter à ébullition une grande quantité d'eau légèrement salée. Ajouter les pâtes et faire cuire environ 10 minutes. Égoutter, rincer à l'eau froide et réserver.

Dans une poêle, chauffer l'huile d'olive et faire revenir l'agneau, le poivron rouge et l'oignon. Ajouter le sel, la ricotta, le romarin et l'ail. Farcir les coquilles de ce mélange.

Dans un plat allant au four, déposer la moitié de la sauce tomate. Disposer les coquilles farcies. Verser le reste de la sauce tomate sur les coquilles et recouvrir du fromage.

Cuire au four 15 minutes ou jusqu'à ce que le fromage soit doré. 🌿

Fédération 19

Vous pouvez doubler la recette et farcir plusieurs coquilles à l'avance. Elles peuvent être congelées une fois farcies et utilisées selon la quantité nécessaire.

Côtelettes d'agneau à la menthe, aux tomates et à l'ail

Pour 4 personnes
Temps de préparation : 15 minutes
Temps de cuisson : 20 minutes

Ingrédients

8 côtelettes d'agneau d'environ 2,5 cm (1 po) d'épaisseur
60 ml (1/4 tasse) de farine
0,5 ml (1/8 c. à thé) de sel
30 ml (2 c. à soupe) d'huile d'olive

(Suite) ➤

45 ml (3 c. à soupe) de cassonade
1 ml (1/4 c. à thé) de gingembre frais, râpé
1 gousse d'ail, hachée finement
2 ml (1/2 c. à thé) de basilic, haché
30 ml (2 c. à soupe) de vinaigre balsamique
250 ml (1 tasse) de tomates concassées
125 ml (1/2 tasse) de vin rouge
15 ml (1 c. à soupe) de fécule de maïs

Préchauffer le four à 180 °C (375 °F).

Dans une grande assiette, mélanger la farine et le sel. Enfariner les côtelettes.

Dans une grande poêle, chauffer l'huile d'olive et faire revenir les côtelettes 2 minutes de chaque côté. Retirer les côtelettes et les déposer dans un plat allant au four.

Dans un bol, mélanger la cassonade, le gingembre, l'ail et le basilic. Déposer ce mélange sur les côtelettes.

Délayer la fécule de maïs dans le vin rouge. Ajouter le vinaigre balsamique et les tomates concassées. Verser sur les côtelettes.

Cuire au four 10 minutes pour une cuisson rosée et 20 minutes pour une cuisson à point. 🌿

Suggestion d'accompagnement
Nouilles au beurre et au persil

Cécile Ouellet
Cercle Saint-Joseph, *Fédération 22*

Épaule d'agneau en sauce relevée

Pour 4 personnes

Temps de préparation : 15 minutes

Temps de marinade :

4 heures ou toute une nuit

Temps de cuisson : 60 minutes

Ingrédients

1 épaule d'agneau

1 oignon, tranché

30 ml (2 c. à soupe) de gras de canard
    ou d'huile d'olive

Sauce

250 ml (1 tasse) de vin rouge

250 ml (1 tasse) de ketchup

15 ml (1 c. à soupe) de sauce VH

1 gousse d'ail, hachée finement

2 ml (1/2 c. à thé) de moutarde sèche

1 ml (1/4 c. à thé) de sel

1 ml (1/4 c. à thé) de poivre

1 ml (1/4 c. à thé) de cari

Préparer la sauce : dans un grand bol, amalgamer tous les ingrédients.

Placer l'épaule d'agneau dans une grande lèchefrite allant au four. Badigeonner de sauce et placer au réfrigérateur au moins 4 heures ou toute une nuit.

Préchauffer le four à 175 °C (350 °F).

Dans une grande poêle allant au four, chauffer le gras de canard ou l'huile d'olive sur feu moyen. Déposer l'épaule d'agneau et dorer toute la surface. Ajouter l'oignon et faire revenir 2 minutes. Déglacer avec un peu d'eau.

Cuire au four 60 minutes en arrosant de sauce à l'occasion.

Michèle Fournier West
Cercle Des Côteaux, Fédération 13

Gigot d'agneau au romarin, sauce au Madère

Pour 6 personnes

Temps de préparation : 20 minutes

Temps de cuisson : 60 minutes

Ingrédients

1 gigot d'agneau d'environ 2,5 kg (5 lb)

15 ml (1 c. à soupe) d'huile d'olive

125 ml (1/2 tasse) de fines herbes
    hachées (romarin, thym ou origan)

3 gousses d'ail, hachées finement

10 ml (2 c. à thé) de zeste de citron

1 ml (1/4 c. à thé) de sel

5 bulbes d'ail, têtes coupées*

20 branches de romarin frais

60 ml (1/4 tasse) de Madère

250 ml (1 tasse) de bouillon de bœuf

Poivre noir moulu

Préchauffer le four à 200 °C (400 °F).

Dans un bol, mélanger les herbes, l'ail, le zeste de citron, le sel et la moitié de l'huile d'olive. Badigeonner l'agneau de ce mélange.

Dans une grande poêle, chauffer l'huile d'olive sur feu moyen. Déposer l'agneau et dorer toute la surface. Placer l'agneau dans une grande lèchefrite allant au four. Déposer les bulbes d'ail tout autour. Déposer les branches de romarin sur l'agneau et cuire au four environ 60 minutes. Retirer l'agneau de la lèchefrite et couvrir d'un papier d'aluminium. Laisser reposer 15 minutes. Retirer les bulbes d'ail et extraire la pulpe.

Jeter l'excédent de gras et faire chauffer la poêle à feu moyen. Déglacer la poêle avec le Madère et ajouter la pulpe d'ail grillé. Ajouter le bouillon de bœuf et laisser mijoter 10 minutes. Saler et poivrer.

Fédération 09

En grillade comme au four, il vaut toujours mieux cuire un peu moins et laisser reposer la pièce avant de servir, de manière à ce que la chaleur à l'intérieur de la pièce se répartisse uniformément. Si on utilise un thermomètre, une cuisson saignante est atteinte à 52 °C (125 °F) de température interne.

**Trancher et retirer la section supérieure du bulbe d'ail de manière à exposer une partie des gousses qui le composent.*

Jarrets d'agneau à la moutarde

Pour 4 personnes

***Temps de préparation** : 15 minutes*

***Temps de cuisson** : 2 heures*

Ingrédients

4 jarrets d'agneau
30 ml (2 c. à soupe) de moutarde sèche
30 ml (2 c. à soupe) d'huile d'olive
4 gousses d'ail, pelées
1 branche de romarin
1 oignon, émincé
250 ml (1 tasse) de vin rouge
Sel et poivre
Veloutine

Préchauffer le four à 175 °C (350 °F).

Badigeonner les jarrets de moutarde sèche et les déposer dans une casserole munie d'un couvercle allant au four.

Dans une grande poêle, chauffer l'huile d'olive sur feu moyen et faire revenir l'ail. Déposer sur les jarrets.

Ajouter l'oignon, le romarin, le sel, le poivre et le vin rouge dans la casserole. Couvrir et cuire au four 2 heures. À la mi-cuisson, tourner les jarrets et arroser du jus de cuisson.

Odette Gervais
*Cercle Saint-Noël de Thetford, **Fédération 06***

Vous pouvez épaissir la sauce avec de la veloutine ou avec 15 ml (1 c. à soupe) de fécule de maïs dans 10 ml (2 c. à thé) d'eau froide.

Boulettes d'agneau, sauce au cari

Pour 4 personnes
Temps de préparation : *15 minutes*
Temps de cuisson : *20 minutes*

Ingrédients

450 g (1 lb) d'agneau haché

1 oignon, haché

1 gousse d'ail, hachée finement

2 ml (1/2 c. à thé) de moutarde sèche

1 œuf

60 ml (1/4 tasse) de chapelure

1 ml (1/4 c. à thé) de sel

1 ml (1/4 c. à thé) de poivre

15 ml (1 c. à soupe) de beurre

30 ml (2 c. à soupe) d'huile d'olive

15 ml (1 c. à soupe) de cari

15 ml (1 c. à soupe) de sauce soya

250 ml (1 tasse) de crème 35 %

30 ml (2 c. à soupe) de crème sure

Persil haché

Dans un bol, mélanger l'agneau haché, l'oignon, l'ail, la moutarde sèche, l'œuf, la chapelure, le sel et le poivre. Former des boulettes.

Dans une poêle, chauffer le beurre et l'huile d'olive et faire revenir les boulettes sur toutes les faces.

Ajouter le cari, la sauce soya et la crème 35 %. Laisser mijoter 5 minutes ou jusqu'à ce que la sauce épaississe. Retirer du feu et incorporer la crème sure.

Au service, garnir de persil.

Suggestion d'accompagnement
Haricots verts et riz basmati

Fédération 19

Boeuf

Bœuf à l'orientale

Pour 4 personnes

Temps de préparation : 15 minutes

Temps de marinade : 30 minutes

Temps de cuisson : 5 minutes

Ingrédients

1 tranche de bifteck de 450 g (1 lb)
de 2,5 cm (1 po), taillée en lamelles

10 ml (2 c. à thé) de gingembre, râpé

30 ml (2 c. à soupe) de mirin ou de Xérès

45 ml (3 c. à soupe) de sauce soya

5 ml (1 c. à thé) d'huile de sésame

5 ml (1 c. à thé) de fécule de maïs

30 ml (2 c. à soupe) d'huile d'arachide

450 g (1 lb) d'asperges, coupées
en tronçons de 5 cm (2 po)

3 échalotes vertes, coupées en tronçons
de 2,5 cm (1 po)

Dans un bol, combiner le gingembre, le mirin, la sauce soya et l'huile de sésame. Ajouter les lamelles de bœuf et laisser mariner environ 30 minutes.

Retirer les lamelles de bœuf et égoutter. Réserver la marinade et ajouter la fécule de maïs.

Placer un wok sur feu élevé. Verser l'huile d'arachide et faire revenir le bœuf 2 minutes. Retirer le bœuf et réserver. Ajouter les asperges, les échalotes et la marinade. Laisser mijoter 2 minutes ou jusqu'à ce que la sauce épaississe. Remettre les lamelles de bœuf et mélanger pour réchauffer la viande. 🌿

Suggestion d'accompagnement

Riz cuit à la vapeur.

Fédération 08

*Le **mirin** est un condiment asiatique à base de riz fermenté, de sirop de maïs et de Saké souvent employé pour la cuisson des aliments. On en retrouve dans la section asiatique des épiceries et il se conserve longtemps. Vous pouvez remplacer le mirin par du Xérès, du vermouth blanc ou par 30 ml (2 c. à soupe) de vinaigre de cidre et 10 ml (2 c. à thé) de sucre.*

Si les asperges ne sont pas en saison, vous pouvez utiliser des bouquets de brocoli.

Bifteck
à la «pizzaiola»

Pour 4 personnes

Temps de préparation : 15 minutes

Temps de cuisson : 20 minutes

Ingrédients

1 tranche de bifteck de 675 g (1 1/2 lb)

4 abaisses de pizza

45 ml (3 c. à soupe) de beurre à l'ail

2 tomates, taillées en dés

15 ml (1 c. à soupe) de basilic, haché

(Suite) ➤

44

15 ml (1 c. à soupe) de persil, haché

15 ml (1 c. à soupe) d'origan, haché

5 ml (1 c. à thé) de sucre

Sel et poivre

250 ml (1 tasse) de mozzarella, râpé

250 ml (1 tasse) de parmesan, râpé

Préchauffer le four à 175 °C (350 °F).

Dans une grande poêle, faire revenir le bifteck 2 minutes de chaque côté. Saler et poivrer au goût. Laisser tiédir le bifteck et tailler en fines tranches. Réserver.

Déposer les abaisses de pizza sur une plaque à pâtisserie et badigeonner de beurre à l'ail.

Dans un bol, mélanger les dés de tomates, les herbes et le sucre. Répartir ce mélange sur les abaisses. Répartir les tranches de bifteck sur l'abaisse. Recouvrir de fromage.

Enfourner et cuire 20 minutes ou jusqu'à ce que le fromage soit doré.

Suggestion d'accompagnement

Salade césar

Christiane Dutil
Cercle Cowansville, **Fédération 11**

Boulettes de bœuf à la mexicaine

Pour 4 personnes

Temps de préparation : 15 minutes

Temps de cuisson : 20 minutes

Ingrédients

450 g (1 lb) de bœuf haché, maigre

30 ml (2 c. à soupe) de chapelure

1 œuf, battu

5 ml (1 c. à thé) de sel

5 ml (1 c. à thé) de paprika

30 ml (2 c. à soupe) d'huile d'olive

1 petit oignon, haché

1 gousse d'ail, hachée finement

1/3 de poivron vert, taillé en quartiers

1 boîte de 341 ml (12 oz) de maïs en grains

300 ml (1 1/4 tasse) de sauce tomate

3 gouttes de sauce Tabasco

Sel et poivre

Dans un bol, mélanger le bœuf haché, la chapelure, l'œuf, le sel et le paprika. Façonner 50 boulettes et les placer dans une lèchefrite et cuire au four à « broil » environ 2 minutes. Les tourner et poursuivre la cuisson 2 minutes. Retirer les boulettes et les déposer dans une casserole avec couvercle allant au four.

Préchauffer le four à 175 °C (350 °F).

Dans une grande poêle, chauffer l'huile d'olive et faire revenir l'oignon, l'ail et le poivron 5 minutes. Retirer du feu et ajouter le maïs, la sauce tomate et la sauce Tabasco. Saler et poivrer.

Verser la sauce sur les boulettes et cuire à couvert 15 minutes. 🌿

Suggestion d'accompagnement
Riz blanc

Micheline Bélanger
Cercle Baie-des-Sables, Fédération 02

Bavette de bœuf, beurre aux herbes et à l'ail

Pour 4 personnes
Temps de préparation : 15 minutes
Temps de cuisson : 5 minutes

Ingrédients

900 g (2 lb) de bavette,
  coupée en portions individuelles
15 ml (1 c. à soupe) de beurre
Sel et poivre

Beurre aux herbes et à l'ail

125 g (1/2 tasse) de beurre,
  à température ambiante
15 ml (1 c. à soupe) de cerfeuil, ciselé

(Suite) ➤

15 ml (1 c. à soupe) de ciboulette, ciselée
15 ml (1 c. à soupe) de persil, ciselé
15 ml (1 c. à soupe) d'estragon, ciselé
1 gousse d'ail, hachée
30 ml (2 c. à soupe) de jus de citron
Sel et poivre

Préparer le beurre aux herbes et à l'ail : dans un bol, mélanger tous les ingrédients. Saler et poivrer au goût. Rouler ce beurre en cylindre dans du papier d'aluminium et placer au congélateur.

Dans une poêle, chauffer le beurre à feu vif et faire saisir chaque tranche de bavette 3 minutes d'un côté et 2 minutes de l'autre. Saler et poivrer.

Sortir le rouleau de beurre du congélateur et tailler des tranches à disposer sur la bavette. 🌿

Fédération 05

La **bavette** est à son meilleur lorsqu'elle est servie saignante ou médium-saignant.
Une plus longue cuisson fait durcir les fibres.

Vous pouvez facilement varier les herbes selon ce que vous avez en main au moment de sa préparation. Le beurre proposé ici se conserve au congélateur plusieurs semaines et se sert bien avec une escalope de volaille ou sur des hamburgers de toutes sortes.

Brochettes de bœuf épicé

Pour 4 personnes

Temps de préparation : *15 minutes*
Temps de cuisson : *10 minutes*

Ingrédients

450 g (1 lb) de filet de bœuf,
    taillé en cubes

1 poivron rouge, taillé en morceaux

1 oignon espagnol, taillé en morceaux

1 courgette, taillée en tranches épaisses

Mélange d'épices à frotter

30 ml (2 c. à soupe) de paprika

30 ml (2 c. à soupe) de poudre de chili

5 ml (1 c. à thé) de piment de Cayenne

30 ml (2 c. à soupe) de poudre d'ail

30 ml (2 c. à soupe) de cassonade

15 ml (1 c. à soupe) de cumin, broyé

15 ml (1 c. à soupe) de moutarde sèche

5 ml (1 c. à thé) de sauge en poudre

30 ml (2 c. à soupe) de sel

15 ml (1 c. à soupe) de poivre moulu

Faire tremper les brochettes de bois au moins 30 minutes dans l'eau froide.

Dans un bol, combiner tous les ingrédients du mélange d'épices. Bien enrober chaque cube de bœuf de ce mélange.

Enfiler les cubes sur les brochettes en alternance avec les morceaux de poivron, d'oignon et de courgette.

Griller au barbecue de 8 à 10 minutes en retournant les cubes sur toutes les faces. 🌿

Fédération 10

Doublez ou triplez les quantités pour le mélange d'épices à frotter et conservez dans un contenant hermétique. Ce mélange peut accommoder différentes sortes de viande.

Goulash au maïs

Pour 4 personnes

Temps de préparation : *15 minutes*
Temps de cuisson : *20 minutes*

Ingrédients

450 g (1 lb) de bœuf haché mi-maigre

30 ml (2 c. à soupe) d'huile d'olive

1 oignon, haché finement

125 ml (1/2 tasse) de poivron vert,
    coupé en dés

1 boîte de 284 ml (10 oz) de soupe
    aux tomates

2 ml (1/2 c. à thé) de poudre de chili

1 boîte de 398 ml (14 oz) de maïs
    en crème

1 boîte de 284 ml (10 oz) de
    champignons tranchés

2 ml (1/2 c. à thé) de sauce
    Worcestershire

Sel et poivre

Dans une grande poêle, chauffer l'huile d'olive sur feu moyen. Faire revenir le bœuf haché jusqu'à ce que la viande soit légèrement rosée. Ajouter l'oignon et le poivron et laisser cuire 2 minutes. Ajouter les autres ingrédients et bien mélanger. Laisser mijoter doucement 10 minutes. 🌿

Suggestion d'accompagnement
Nouilles ou du riz cuit à la vapeur

Jeannine Vandal Marcil
Cercle Waterloo, Fédération 10

Hamburgers au bœuf, au fromage bleu et aux oignons caramélisés

Pour 4 personnes
Temps de préparation : 15 minutes
Temps de cuisson : 15 minutes

Ingrédients

450 g (1 lb) de bœuf haché, maigre

15 ml (1 c. à soupe) d'épices à steak

15 ml (1 c. à soupe) de sauce Worcestershire

115 g (4 oz) de fromage bleu

60 ml (4 c. à soupe) de mayonnaise assaisonnée d'aromates de votre choix (facultatif)

Oignons caramélisés

30 ml (2 c. à soupe) d'huile d'olive

15 ml (1 c. à soupe) de beurre

4 oignons moyens, tranchés

15 ml (1 c. à soupe) de vinaigre balsamique

Sel et poivre

4 pains de blé entier pour hamburger

Dans un bol, mélanger le bœuf haché, la sauce Worcestershire et les épices à steak. Façonner 4 galettes et réserver.

Dans une grande poêle, chauffer l'huile d'olive et le beurre et faire revenir l'oignon 10 minutes. Ajouter le vinaigre balsamique. Saler et poivrer. Réserver.

Chauffer le barbecue et cuire les galettes de viande 6 à 7 minutes de chaque côté selon l'épaisseur. *(Suite)* ➤

Griller les pains sur le barbecue et placer sur la tablette supérieure. Lorsque la viande est cuite, déposer une galette sur la moitié du pain, badigeonner d'une cuillère à soupe de mayonnaise assaisonnée et ajouter le fromage bleu. Recouvrir avec l'autre moitié et refermer le couvercle du barbecue pour réchauffer le tout. 🌿

Nicole Vandendaele
Cercle Labelle, **Fédération 16**

Sauté de bœuf à la mandarine

Pour 4 personnes
Temps de préparation : 15 minutes
Temps de marinade : 60 minutes
Temps de cuisson : 10 minutes

Ingrédients

450 g (1 lb) de bifteck de surlonge ou de ronde
60 ml (1/4 tasse) de sauce soya
125 ml (1/2 tasse) de jus d'orange
1 ml (1/4 c. à thé) de poudre d'ail
1 ml (1/4 c. à thé) de gingembre moulu
30 ml (2 c. à soupe) d'huile de canola
1 oignon, coupé en lamelles
2 branches de céleri, coupées en tronçons
500 ml (2 tasses) de pois mange-tout

(Suite) ➤

1 poivron vert, coupé en languettes
250 ml (1 tasse) de champignons, tranchés
1 boîte de 284 ml (10 oz) de mandarines en quartiers, égouttées
30 ml (2 c. à soupe) de fécule de maïs

Couper la viande en languettes.

Dans un bol, mélanger la sauce soya, le jus d'orange, l'ail et le gingembre. Verser sur la viande et laisser mariner au réfrigérateur 60 minutes.

Dans une grande poêle ou un wok, chauffer l'huile de canola et faire revenir l'oignon, le céleri, les pois et le poivron 3 minutes. Ajouter les champignons et poursuivre la cuisson 2 minutes. Retirer les légumes et réserver.

Égoutter et assécher les languettes de bœuf et faire revenir dans le wok bien chaud 2 minutes.

Ajouter les légumes et faire revenir 2 minutes.

Délayer la fécule de maïs dans la marinade et verser sur la viande et les légumes. Cuire 1 minute. Ajouter les quartiers de mandarine. 🌿

Suggestion d'accompagnement
Nouilles asiatiques légèrement arrosées de sauce soya

Nicole Gélinas
Cercle St-Cyrille de Wendover
Fédération 07

49

Mignons de bœuf, sauce au poivre

Pour 4 personnes
Temps de préparation : 15 minutes
Temps de cuisson : 15 minutes

Ingrédients

450 g (1 lb) de filet de bœuf,
    taillé en 4 tranches épaisses
15 ml (1 c. à soupe) de poivre concassé
30 ml (2 c. à soupe) de beurre
30 ml (2 c. à soupe) de brandy
125 ml (1/2 tasse) de crème 35 %
15 ml (1 c. à soupe) de Madère
Persil, ciselé

Préchauffer le four à 150 °C (300 °F).

Poivrer les filets sur chaque face.

Dans une grande poêle, chauffer le beurre à feu vif et saisir les filets 2 minutes de chaque côté. Verser le brandy et flamber. Retirer les filets, les déposer dans un plat et poursuivre la cuisson au four 10 minutes.

Dans la même poêle, verser le Madère puis la crème. Réduire le feu et remuer sans arrêt jusqu'à ce que la sauce épaississe.

Au service, napper de sauce et garnir de persil. 🌱

Fédération 21

Pour garder une viande au chaud sans que la cuisson se poursuive, régler la chaleur du four à 70 °C (160 °F).

Chili de bœuf

Pour 4 personnes
Temps de préparation : 15 minutes
Temps de cuisson : 40 minutes

Ingrédients

30 ml (2 c. à soupe) d'huile d'olive
450 g (1 lb) de bœuf haché maigre
1 oignon, haché finement
1 gousse d'ail, hachée finement
5 ml (1 c. à thé) de sel
1 ml (1/4 c. à thé) de piment de Cayenne
1 ml (1/4 c. à thé) de cumin
1 ml (1/4 c. à thé) d'origan
2 ml (1/2 c. à thé) de poudre de chili
1 boîte de 284 ml (10 oz) de tomates,
    en dés
1 boîte de 227 ml (8 oz) de sauce tomate
1 boîte de 540 ml (19 oz) de fèves rouges
    avec le liquide
Sel et poivre

Dans une grande poêle, chauffer l'huile d'olive sur feu moyen. Faire revenir le bœuf haché jusqu'à ce que la viande soit légèrement rosée. Ajouter l'oignon, l'ail et les épices. Réduire le feu et laisser mijoter 2 minutes. Ajouter les tomates, la sauce tomate, les fèves et le liquide de la conserve. Mélanger et amener à ébullition. Goûter et rectifier l'assaisonnement.

Poursuivre la cuisson 30 minutes. 🌱

Odette St-Laurent
Cercle Baie-des-Sables, *Fédération 02*

Entrecôte au gril, sauce piquante

Pour 4 personnes
Temps de préparation : 30 minutes
Temps de cuisson : 10 minutes

Ingrédients

4 steaks d'entrecôte de 2,5 cm (1 po)
  d'épaisseur
30 ml (2 c. à soupe) de moutarde sèche
15 ml (1 c. à soupe) de sauce Tabasco
Sel et poivre

Beurre à l'estragon

250 ml (1 tasse) de beurre, ramolli
45 ml (3 c. à soupe) d'estragon séché
15 ml (1 c. à soupe) de vodka
Sel

Préparation du beurre à l'estragon : mettre tous les ingrédients dans un robot culinaire et faire tourner jusqu'à l'obtention d'une pâte homogène. Déposer la préparation sur une pellicule plastique et façonner en rouleau. Placer au congélateur 30 minutes.

Préchauffer le barbecue à haute intensité.

Mettre les entrecôtes sur une assiette et saler chaque face. Poivrer généreusement. À l'aide d'une cuillère, faire pénétrer le sel et le poivre sans percer la viande.

Humecter légèrement chaque entrecôte de sauce Tabasco. Laisser reposer pendant la période de réchauffement du barbecue.

Huiler la grille du barbecue. Déposer les entrecôtes et griller 5 minutes d'un côté en faisant pivoter les entrecôtes après 3 minutes pour les marquer d'un quadrillage. Ce 5 minutes écoulé, retourner les entrecôtes, réduire de moitié l'intensité du feu et cuire 3 minutes pour une cuisson saignante. Prolonger d'une minute pour une cuisson médium et d'une autre minute pour une cuisson à point.

Retirer du feu. Déposer les entrecôtes dans un plat et couvrir. Laisser reposer 3 minutes avant de servir.

Sortir le rouleau de beurre à l'estragon du congélateur et couper quatre tranches. Déposer une tranche sur chaque entrecôte.

Suggestion d'accompagnement
Pommes de terre cuites à la vapeur
et une poêlée de champignons
(recette en page 129)

Fédération 20

Porc

Casserole de porc en croûte

Pour 4 personnes
Temps de préparation : 15 minutes
Temps de cuisson : 60 minutes

Ingrédients

1 filet de porc d'environ 450 g (1 lb),
taillé en cubes de 2,5 cm (1 po)
30 ml (2 c. à soupe) de farine
15 ml (1 c. à soupe) d'huile d'olive
2 pommes de terre, coupées en
petits cubes
2 carottes moyennes, tranchées
250 ml (1 tasse) d'oignon, haché
250 ml (1 tasse) de haricots verts,
coupés en tronçons
300 ml (1 1/4 tasse) de bouillon
de volaille
125 ml (1/2 tasse) de vinaigrette grecque
avec feta et origan (du commerce)
250 ml (1 tasse) de fromage cheddar,
râpé
397 g (1/2 paquet) de pâte feuilletée
surgelée
Sel et poivre

Préchauffer le four à 175 °C (350 °F).

Dans une assiette, déposer la farine et enfariner les cubes de porc.

Dans une poêle, chauffer l'huile d'olive et faire
colorer les cubes de porc. Placer tous les
cubes dans un plat allant au four avec les légumes, le bouillon de volaille et la vinaigrette.

Cuire au four 45 minutes.

Abaisser la pâte feuilletée pour couvrir le plat.

Retirer le plat du four. Parsemer de fromage
et recouvrir de pâte.

Remettre au four et poursuivre la cuisson
15 minutes. 🍃

Suggestion d'accompagnement
Salade de tomates, de concombres et
d'oignons rouges tranchés.

Solange Blais
Cercle Marieville, Fédération 10

Brochettes de porc aux aromates

Pour 4 personnes
Temps de préparation : 15 minutes
Temps de cuisson : 15 minutes

Ingrédients

1 filet de porc d'environ 450 g (1 lb),
taillé en cubes de 2,5 cm (1 po)
1 barquette (8 oz) de champignons,
essuyés, les pieds enlevés
60 ml (1/4 tasse) de beurre fondu
5 ml (1 c. à thé) de sauge séchée
5 ml (1 c. à thé) de romarin séché
5 ml (1 c. à thé) de paprika
5 ml (1 c. à thé) de sel

Faire tremper les brochettes de bois dans l'eau 30 minutes.

Dans un petit bol, verser le beurre. Ajouter les cubes de porc et remuer pour bien enrober la viande de beurre. Saupoudrer de sauge, de romarin, de paprika et de sel et mélanger à nouveau.

Enfiler les cubes et les champignons en alternance sur les brochettes.

Cuire au four à « broil » ou au barbecue en retournant les brochettes aux 3 minutes pour griller la viande sur toutes ses faces. 🍏

Suggestion d'accompagnement
Choux de Bruxelles sautés et pommes de terre ratte à l'ail
(recettes en page 126 et 124).

Fédération 22

Pour varier, vous pouvez utiliser différentes sortes de viandes et même des foies de volaille.

Côtelettes de porc glacées aux pêches épicées

Pour 4 personnes
Temps de préparation : 10 minutes
Temps de cuisson : 20 minutes

Ingrédients

4 côtelettes de porc
250 ml (1 tasse) de pêches en conserve
15 ml (1 c. à soupe) de sauce Worcestershire
5 ml (1 c. à thé) de pâte de chili
15 ml (1 c. à soupe) de beurre
15 ml (1 c. à soupe) d'huile
5 ml (1 c. à thé) de gingembre, râpé
1 ml (1/4 c. à thé) de cannelle moulue
125 ml (1/2 tasse) de vin blanc
Sel et poivre

Dans un petit bol, mélanger les pêches, la sauce Worcestershire et la pâte de chili.

Saupoudrer les côtelettes de gingembre et de cannelle. Saler et poivrer.

Dans une grande poêle, chauffer le beurre et l'huile. Faire dorer les côtelettes environ 2 minutes de chaque côté. Retirer les côtelettes et réserver.

Verser le vin blanc dans la poêle et gratter pour déglacer le fond. Incorporer le mélange de pêches et remuer. Remettre les côtelettes dans la poêle et retourner pour bien couvrir de sauce. Réduire le feu et cuire à feu moyen 8 minutes de chaque côté.

Servir avec du brocoli et des carottes au beurre et au thym. 🍏

Fédération 23

Côtes levées relevées

Pour 4 personnes
Temps de préparation : *15 minutes*
Temps de cuisson : *40 minutes*

Ingrédients

1,4 kg (3 lb) de côtes levées de dos de porc, découpées en 4 portions

2 bouteilles de 330 ml de bière noire (style Guinness)

500 ml (2 tasses) de bouillon de volaille

1 oignon, haché grossièrement

4 gousses d'ail, pelées

2 feuilles de laurier

5 ml (1 c. à thé) de thym séché ou frais

Sel et poivre

Sauce

125 ml (1/2 tasse) de sirop d'érable

60 ml (1/4 tasse) de moutarde de Dijon

30 ml (2 c. à soupe) de pâte de tomate

2 gousses d'ail, hachées

2 ml (1/2 c. à thé) de graines de cumin, broyées

2 ml (1/2 c. à thé) de graines de coriandre, broyées

30 ml (2 c. à soupe) de ciboulette fraîche, hachée

30 ml (2 c. à soupe) de persil frais, haché

Dans une grande casserole, verser la bière et le bouillon. Ajouter l'oignon, l'ail, le laurier, le thym, le sel et le poivre. Amener à ébullition. Déposer les côtes levées et cuire à couvert 30 minutes à feu doux ou jusqu'à ce que la viande soit tendre.

Entre-temps, dans un bol, mélanger le reste des ingrédients.

Préchauffer le barbecue à intensité élevée ou le four à « broil ».

Égoutter les côtes et les assécher avec du papier absorbant. Badigeonner de sauce en réservant une quantité de sauce pour badigeonner en cours de cuisson.

Réduire l'intensité du barbecue ou du four et faire griller les côtes environ 10 minutes.

Dolorès Drapeau

Cercle de Giffard, *Fédération 08*

Si vous désirez servir l'excédent de sauce en accompagnement, verser dans une casserole et porter à ébullition. Réduire le feu et laisser mijoter 5 minutes.

Escalopes de porc à la moutarde

Pour 4 personnes

Temps de préparation : 15 minutes

Temps de cuisson : 10 minutes

Ingrédients

1 filet de porc de 450 g (1 lb),
coupé en tranches de 1 cm (3/8 po)

30 ml (2 c. à soupe) de farine

30 ml (2 c. à soupe) de beurre

80 ml (1/3 tasse) de vermouth sec

80 ml (1/3 tasse) de bouillon de volaille

15 ml (1 c. à soupe) de jus de lime

30 ml (2 c. à soupe) de moutarde
de Dijon

15 ml (1 c. à soupe) de miel

5 ml (1 c. à thé) de piment de la
Jamaïque moulu

125 ml (1/2 tasse) de crème 35 %

Dans une assiette, enfariner les tranches de porc. Secouer l'excédent.

Dans une poêle, chauffer le beurre et faire revenir chaque tranche 2 minutes de chaque côté. Déposer sur une assiette et réserver au chaud.

Dans la même poêle, verser le vermouth et laisser mijoter 1 minute. Ajouter le bouillon de volaille, le jus de lime, la moutarde de Dijon, le miel et le piment de la Jamaïque et laisser mijoter 1 minute. Ajouter la crème et laisser mijoter 2 minutes ou jusqu'à épaissement.

Pour servir, napper les tranches de porc de sauce. 🍎

Suggestion d'accompagnement
Purée de patates douces et des haricots verts

Fédération 14

Gratin de jambon et asperges, sauce béchamel

Pour 4 personnes

Temps de préparation : 15 minutes

Temps de cuisson : 20 minutes

Ingrédients

8 fines tranches de jambon

12 asperges, cuites

Fromage râpé

Béchamel

45 ml (3 c. à soupe) de beurre

45 ml (3 c. à soupe) de farine

500 ml (2 tasses) de lait

60 ml (1/4 tasse) de parmesan

1 ml (1/4 c. à thé) de muscade

Sel et poivre

Préparation de la béchamel : dans une casserole, faire fondre le beurre sur feu doux. Ajouter la farine et remuer pour incorporer tout le beurre. Cuire 2 minutes. Ajouter le lait lentement en remuant constamment. Cuire à feu doux environ 10 minutes jusqu'à ce que la béchamel épaississe. Ajouter le parmesan et la muscade. Saler et poivrer. Retirer du feu et réserver.

Préchauffer le four à 175 °C (350 °F).

Dans quatre ramequins ou plats individuels allant au four, déposer une tranche de jambon.

Répartir les asperges dans chaque plat. Refermer la tranche de jambon pour recouvrir les asperges.

Couvrir de sauce béchamel. Parsemer de fromage râpé.

Enfourner et cuire 20 minutes. 🌿

Fédération 23

Vous pouvez remplacer les asperges par des endives. Couper quatre endives en deux parties sur le sens de la longueur et faire revenir dans le beurre 2 minutes de chaque côté. Ajouter une pincée de sucre et poursuivre la cuisson 1 minute en retournant les endives délicatement.

Jambon au cari

Pour 4 personnes
Temps de préparation : 15 minutes
Temps de cuisson : 20 minutes

Ingrédients

500 ml (2 tasses) de cubes de jambon cuit

15 ml (1 c. à soupe) de beurre

15 ml (1 c. à soupe) d'huile d'olive

1 petit oignon, coupé en dés

1 poivron vert, coupé en dés

80 ml (1/3 tasse) de champignons, coupés en quartiers

1 boîte de 284 ml (10 oz) de crème de champignons

180 ml (3/4 tasse) de lait

80 ml (1/3 tasse) de mayonnaise

10 ml (2 c. à thé) de poudre de cari

Dans une poêle, chauffer le beurre et l'huile et faire revenir l'oignon, le poivron et les champignons 3 minutes. Ajouter les autres ingrédients et laisser mijoter 20 minutes. 🌿

Suggestion d'accompagnement
Légumes racines braisés au four (recette en page 128)

Marielle St-Laurent
Cercle Sept-Îles, **Fédération 19**

Pour obtenir une sauce épaisse, vous pourriez ajouter de la farine ou de la fécule de maïs ou 5 ml (1 c. à thé) de farine bien amalgamée à 5 ml (1 c. à thé) de beurre.

Filet de porc, sauce aux fruits des champs

Pour 6 personnes
Temps de préparation : *15 minutes*
Temps de cuisson : *20 minutes*

Ingrédients

1 filet de porc d'environ 700 g (1 3/4 lb)
15 ml (1 c. à soupe) de beurre
15 ml (1 c. à soupe) d'huile
2 gousses d'ail, hachées finement
180 ml (3/4 tasse) de vin blanc
60 ml (1/4 tasse) de vinaigre balsamique
250 ml (1 tasse) de bouillon de volaille
250 ml (1 tasse) de lait évaporé
15 ml (1 c. à soupe) de fécule de maïs
15 ml (1 c. à soupe) de thym frais ou
    5 ml (1/4 c. à thé) de thym séché
80 ml (1/3 tasse) de confiture aux
    fruits des champs
Sel et poivre

Préchauffer le four à 175 °C (350 °F).

Saler et poivrer le filet de porc.

Dans une poêle, chauffer le beurre et l'huile. Faire dorer le filet de porc environ 2 minutes sur chaque face. Retirer le filet et le déposer dans un plat allant au four.

Enfourner et cuire 20 minutes. Retirer du four, couvrir d'un papier aluminium et laisser reposer 5 minutes.

Dans la même poêle, faire revenir l'ail 1 minute. Ajouter le vin blanc et le vinaigre balsamique pour déglacer la poêle. Laisser réduire de moitié.

Ajouter le bouillon de volaille et laisser réduire du tiers.

Dans un petit bol, diluer la fécule de maïs dans le lait évaporé.

Ajouter le thym, le mélange de lait évaporé et de fécule de maïs et la confiture. Laisser mijoter jusqu'à épaississement.

Retirer le filet du plat et tailler en tranches de 2,5 cm (1 po).

Au service, napper chaque tranche de sauce.

Suggestion d'accompagnement
Carottes au miel et brocoli

Louise Nappert
Cercle Giffard, Fédération 08

Mignons de porc, sauce au cassis et à l'érable

Pour 6 personnes

Temps de préparation : *15 minutes*
Temps de cuisson : *20 minutes*

Ingrédients

1 filet de porc d'environ 700 g (1 3/4 lb)
15 ml (1 c. à soupe) de beurre
15 ml (1 c. à soupe) d'huile
1 échalote française, hachée finement
125 ml (1/2 tasse) de vin blanc
250 ml (1 tasse) de bouillon de volaille
30 ml (2 c. à soupe) de sirop de cassis
45 ml (3 c. à soupe) de sirop d'érable
30 ml (2 c. à soupe) de crème 35 %
Sel et poivre

Préchauffer le four à 175 °C (350 °F).

Dans une poêle, chauffer le beurre et l'huile. Faire dorer le filet de porc environ 2 minutes sur chaque face. Retirer le filet et le déposer dans un plat allant au four.

Enfourner et cuire 15 minutes. Retirer du four, couvrir d'un papier d'aluminium et laisser reposer 5 minutes.

Entretemps, dans la même poêle, faire revenir l'échalote française 1 minute. Ajouter le vin blanc et laisser réduire de moitié.

Ajouter le bouillon de volaille, le sirop de cassis et le sirop d'érable. Laisser mijoter 5 minutes. Ajouter la crème et l'incorporer à la sauce. Laisser mijoter 1 minute. Saler et poivrer au goût.

Retirer le filet du four et tailler en tranches de 2,5 cm (1 po).

Au service, napper de sauce.

Suggestion d'accompagnement
Courgettes au parmesan
(recette en page 123)

Fédération 11

Pain de viande épicé au jambon

Pour 4 personnes

Temps de préparation : *15 minutes*
Temps de cuisson : *40 minutes*

Ingrédients

750 ml (3 tasses) de jambon cuit,
  haché finement
125 ml (1/2 tasse) de chapelure fine
60 ml (1/4 tasse) d'oignon,
  haché finement
30 ml (2 c. à soupe) de poivron vert,
  haché finement
5 ml (1 c. à thé) de moutarde sèche
0,5 ml (1/8 c. à thé) de toutes épices

(Suite) ➤

0,5 ml (1/8 c. à thé) de clous de girofle,
  broyés
2 œufs, légèrement battus
125 ml (1/2 tasse) de lait
Sel et poivre

Préchauffer le four à 175 °C (350 °F).

Dans un grand bol, mélanger le jambon, la chapelure, l'oignon, le poivron vert, la moutarde, les épices, le sel et le poivre. Ajouter les œufs et le lait. Amalgamer le tout.

Placer le mélange dans un moule à pain et cuire au four 40 minutes.

Démouler et trancher. 🌱

Suggestion d'accompagnement
Carottes glacées au miel et des haricots verts au beurre

Mariette Côté
Cercle Sainte-Thérèse, **Fédération 16**

Porc mariné à la sauce aigre-douce

Pour 6 personnes
Temps de préparation : 15 minutes
Temps de marinade : 2 heures
Temps de cuisson : 20 minutes

Ingrédients
1 filet de porc d'environ 700 g (1 3/4 lb),
  coupé en cubes de 2,5 cm (1 po)
45 ml (3 c. à soupe) de sauce soya
30 ml (2 c. à soupe) de vinaigre de riz
60 ml (1/4 tasse) de sauce hoisin
30 ml (2 c. à soupe) de sucre
5 ml (1 c. à thé) de cinq-épices en poudre
15 ml (1 c. à soupe) de piment broyé

Dans un plat allant au four, placer les cubes de porc, la sauce soya, le vinaigre de riz, la sauce hoisin, le sucre, le cinq-épices et le piment. Mariner le porc au moins 2 heures ou toute une nuit au réfrigérateur.

Préchauffer le four à 175 °C (350 °F).

Ajouter 250 ml (1 tasse) d'eau à la marinade et cuire au four 30 minutes. 🌱

Suggestion d'accompagnement
Riz cuit à la vapeur et des bok-choy avec sauce au citron et soya
(recette en page 120)

Fédération 05

Le **bok-choy** est un chou qui fournit une excellente source de vitamine A et C. Il se cuit à la chinoise dans un peu d'huile et nécessite peu de cuisson. Il est aussi excellent en salade avec des tomates cerises et une vinaigrette à l'huile de sésame grillé.

Sauté de porc et de brocoli

Pour 4 personnes
Temps de préparation : *15 minutes*
Temps de cuisson : *20 minutes*

Ingrédients

1 filet de porc d'environ 450 g (1 lb),
  taillé en lamelles
60 ml (1/4 tasse) de jus d'orange
Le zeste d'une orange
60 ml (1/4 tasse) de sauce soya
60 ml (1/4 tasse) de vinaigre de riz
15 ml (1 c. à soupe) de fécule de maïs
15 ml (1 c. à soupe) d'huile de canola
2 gousses d'ail, hachées finement
3 échalotes vertes, 2 taillées en tronçons
  et 1 en fines languettes
1 brocoli, coupé en fleurons,
  les tiges pelées et finement tranchées
125 ml (1/2 tasse) d'eau

Dans un petit bol, combiner le jus d'orange, le zeste, la sauce soya, le vinaigre de riz et la fécule de maïs. Réserver.

Dans une poêle, chauffer l'huile et faire dorer les lamelles de porc environ 2 minutes. Retirer et déposer dans une assiette.

Dans la même poêle, faire revenir l'ail et les tronçons d'échalotes vertes environ 1 minute.

Ajouter le brocoli et 125 ml (1/2 tasse) d'eau. Couvrir et cuire jusqu'à ce que le brocoli soit cuit mais encore croquant.

Ajouter le porc et la sauce. Cuire en remuant jusqu'à ce que la sauce épaississe.

Au service, décorer de fines languettes d'échalote. ❧

Fédération 02

Roulés de porc farcis aux abricots

Pour 4 personnes
Temps de préparation : *15 minutes*
Temps de cuisson : *15 minutes*

Ingrédients

4 escalopes de porc de 140 g (5 oz)
  chacune
160 ml (2/3 tasse) de jus de pomme
125 ml (1/2 tasse) d'abricots secs,
  hachés
45 ml (3 c. à soupe) de chapelure
15 ml (1 c. à soupe) de basilic séché
60 ml (1/4 tasse) de farine
15 ml (1 c. à soupe) d'huile de canola
5 ml (1 c. à thé) de fécule de maïs,
  délayée dans un peu d'eau
Sel et poivre

Dans un bol, mélanger 45 ml (3 c. à soupe) de jus de pomme, les abricots, la chapelure et le basilic.

Sur un plan de travail, étaler les escalopes et répartir la préparation au centre. Rouler et fixer les rouleaux avec des cure-dents.

Enfariner les roulés. Saler et poivrer.

Dans une poêle, chauffer l'huile et faire revenir les roulés 1 minute sur toutes les faces. Couvrir et poursuivre la cuisson 10 minutes en remuant à l'occasion.

Déglacer le poêlon avec le reste du jus de pomme. Incorporer la fécule de maïs et laisser épaissir. 🍏

Suggestion d'accompagnement
Pommes de terre rôties et chou-fleur au cari (recette en page 122)

Fédération 21

Saucisses de porc au balsamique et à l'origan

Pour 4 personnes
Temps de préparation : 15 minutes
Temps de cuisson : 15 minutes

Ingrédients

8 saucisses de porc de 2,5 cm (1 po) de diamètre environ

15 ml (1 c. à soupe) d'huile d'olive

30 ml (2 c. à soupe) de vinaigre balsamique

15 ml (1 c. à soupe) d'origan séché

5 ml (1 c. à thé) de poivre

Préchauffer le four à 175 °C (350 °F).

Tailler les saucisses en deux sur la longueur et déposer sur une lèchefrite. Cuire au four 10 minutes. Retourner les saucisses et poursuivre la cuisson 5 minutes.

Retirer du four. Positionner chaque demi-saucisse sur la plaque, face taillée vers le haut. Arroser d'huile d'olive et de vinaigre balsamique. Saupoudrer d'origan et de poivre.

Remettre au four et cuire 3 minutes. 🍏

Suggestion d'accompagnement
Orge perlé et poivrons grillés
(recettes en page 115 et 126)

Fédération 09

Cette recette convient également aux saucisses de Toulouse ou à toute autre variété de saucisse offerte en charcuterie.

Pour un cocktail, vous pouvez tailler les saucisses en bouchées plutôt que les couper en deux. Piquez chacune d'un cure-dents et accompagner d'un aïoli à la lime et à l'ail rôti
(recette en page 174)

Veau

Bavette de veau, sauce à l'échalote et aux tomates séchées

Pour 4 personnes
Temps de préparation : 10 minutes
Temps de cuisson : 5 minutes

Ingrédients

900 g (2 lb) de bavette de veau,
   taillée en 4 portions individuelles
30 ml (2 c. à soupe) de beurre
3 échalotes françaises,
   tranchées finement
60 ml (1/4 tasse) de vinaigre de vin rouge
60 ml (1/4 tasse) de bouillon de volaille
30 ml (2 c. à soupe) de tomates séchées,
   hachées
15 ml (1 c. à soupe) de noix de pin ou
   amandes, grillées (facultatif)
15 ml (1 c. à soupe) de persil, haché
Sel et poivre

Dans une poêle, chauffer la moitié du beurre et faire revenir les échalotes 5 minutes. Lorsqu'elles sont translucides, ajouter le vinaigre de vin rouge et laisser réduire de moitié. Ajouter le bouillon de volaille et poursuivre la cuisson 2 minutes. Ajouter les tomates séchées. Réserver.

Dans une autre poêle, chauffer le beurre restant à feu vif et faire saisir chaque pièce de bavette 2 minutes d'un côté et 1 minute de l'autre. Saler et poivrer.

Au service, napper de sauce et garnir de noix et de persil haché. 🌶

Suggestion d'accompagnement
Poêlée de champignons (recette en page 129) et purée de panais et pommes de terre

Fédération 25

Vous pouvez remplacer la **bavette** par un morceau de surlonge de veau que vous diviserez en deux portions avant de les aplatir à la moitié de leur épaisseur originale, soit 1,5 cm (3/8 po).

Brochettes de roulades de veau

Pour 4 personnes
Temps de préparation : 15 minutes
Temps de cuisson : 10 minutes

Ingrédients

4 escalopes de veau
8 tranches de prosciutto
4 bâtonnets de fromage mozzarella
15 ml (1 c. à soupe) de sauge séchée
15 ml (1 c. à soupe) de romarin séché

(Suite) ➤

15 ml (1 c. à soupe) de beurre

250 ml (1 tasse) de consommé de bœuf

80 ml (1/3 tasse) de vermouth blanc

125 ml (1/2 tasse) de crème 35 %

Sel et poivre

Persil haché

Tailler les escalopes en deux.

Sur une planche, déposer les tranches de prosciutto et recouvrir d'une tranche de veau. Parsemer de sauge et de romarin. Saler et poivrer. Placer les bâtonnets de fromage et rouler chaque tranche. Piquer d'une brochette.

Dans une grande poêle, chauffer le beurre à feu vif et faire dorer légèrement les roulades sur chaque face. Ajouter le consommé de bœuf et le vermouth et laisser mijoter 5 minutes. Ajouter la crème et poursuivre la cuisson 5 minutes. Saler et poivrer.

Au service, napper les roulades de sauce. 🍏

Suggestion d'accompagnement

Purée de pommes de terre et des haricots verts et jaunes au persil

Fédération 12

Tournedos de veau à la moutarde

Pour 4 personnes

Temps de préparation : 15 minutes

Temps de cuisson : 15 minutes

Ingrédients

675 g (1 1/2 lb) de longe de veau, taillée en portions individuelles de 170 g (6 oz) chacune

45 ml (3 c. à soupe) de beurre

1 branche de céleri, coupée en dés

1 oignon, coupé en dés

4 champignons, coupés en dés

1 carotte, coupée en dés

80 ml (1/3 tasse) de vin blanc

80 ml (1/3 tasse) de fond de veau

160 ml (2/3 tasse) de crème 35 %

30 ml (2 c. à soupe) de moutarde de Meaux

Thym

Sel et poivre

Dans une poêle, chauffer la moitié du beurre et faire revenir les légumes 5 minutes. Ajouter une pincée de thym. Saler et poivrer. Réserver.

Faire une incision dans l'épaisseur de chaque tranche de viande pour obtenir une poche. Farcir chaque tranche de la préparation de légumes. Assaisonner les tournedos de sel et de poivre sur les 2 faces.

Dans une poêle, chauffer le reste du beurre et dorer les tournedos 5 minutes de chaque côté. Retirer les tournedos et les placer dans un plat allant au four. Couvrir d'un papier d'aluminium et réserver au four préchauffé à 150 °C (300 °F).

Déglacer la poêle avec le vin blanc et laisser réduire de moitié. Ajouter le fond de veau et la crème et laisser réduire de moitié. Ajouter la moutarde, réduire le feu et laisser la sauce épaissir.

Au service, napper chaque tournedos de sauce. 🌱

Suggestion d'accompagnement
Pommes de terre rissolées et
des carottes au miel.

Fédération 20

Veau au citron et aux câpres

Pour 4 personnes
Temps de préparation : 15 minutes
Temps de cuisson : 15 minutes

Ingrédients

4 escalopes de veau
45 ml (3 c. à soupe) de farine
1 ml (1/4 c. à thé) de paprika
5 ml (1 c. à thé) de sel
30 ml (2 c. à soupe) de beurre

(Suite) ➤

2 échalotes françaises, hachées finement
225 g (8 oz) de champignons, tranchés
125 ml (1/2 tasse) de vin rouge
125 ml (1/2 tasse) de bouillon de volaille
15 ml (1 c. à soupe) de jus de citron
15 ml (1 c. à soupe) de câpres
15 ml (1 c. à soupe) de sirop d'érable
   (facultatif)
4 tranches de citron
Sel et poivre

Dans une assiette, mélanger la farine, le paprika et le sel. Enfariner les escalopes.

Dans une grande poêle, chauffer la moitié du beurre à feu vif et faire saisir les escalopes 30 secondes de chaque côté. Retirer les escalopes et réserver au chaud.

Dans la même poêle, chauffer le reste du beurre et faire revenir les échalotes et les champignons 2 minutes. Ajouter le bouillon de volaille et le jus de citron. Laisser mijoter 10 minutes. Ajouter les câpres et le sirop d'érable (si désiré). Saler et poivrer.

Au service, napper les escalopes de sauce et garnir de tranches de citron. 🌱

Suggestion d'accompagnement
Linguine au beurre et au persil ou
encore avec des pommes de terre
rissolées et une julienne de légumes

Anita L. Caron
Cercle Sainte-Perpétue, *Fédération 03*

À défaut d'escalopes, vous pouvez aussi utiliser des tranches de cuisseau de veau de lait d'épaisseur identique à l'escalope.

Burger de veau au cheddar

Pour 4 personnes
Temps de préparation : *15 minutes*
Temps de cuisson : *15 minutes*

Ingrédients

450 g (1 lb) de veau haché maigre
1 oeuf, battu
15 ml (1 c. à soupe) d'épices à steak
15 ml (1 c. à soupe) de gingembre, haché
15 ml (1 c. à soupe) de vinaigre balsamique
30 ml (2 c. à soupe) de persil, haché
Sel et poivre
4 tranches de fromage cheddar
4 pains à hamburger

Préchauffer le barbecue à intensité moyenne.

Dans un bol, incorporer au veau, l'oeuf, les épices à steak, le gingembre, le vinaigre balsamique, le persil, le sel et le poivre.

Former 4 boulettes. Aplatir légèrement.

Déposer les boulettes de viande sur le barbecue et cuire 7 minutes d'un côté et 5 minutes de l'autre ou jusqu'à ce que l'intérieur perde sa teinte rosée.

Deux minutes avant la fin de la cuisson, placer une tranche de fromage cheddar sur chaque boulette.

Réchauffer les pains sur la grille du barbecue.

Placer les boulettes dans les pains et garnir d'une mayonnaise rehaussée de moutarde de Dijon. Ajouter des oignons caramélisés

Fédération 03

Piccata, sauce Madère

Pour 4 personnes
Temps de préparation : *15 minutes*
Temps de cuisson : *20 minutes*

Ingrédients

4 escalopes de veau
45 ml (3 c. à soupe) de farine
30 ml (2 c. à soupe) de beurre
1 échalote française, hachée
225 g (8 oz) de champignons, tranchés
125 ml (1/2 tasse) de Madère
250 ml (1 tasse) de bouillon de bœuf
125 ml (1/2 tasse) de crème 35 %
Sel et poivre
Persil haché

Dans une assiette, déposer la farine et enfariner les escalopes.

Dans une grande poêle, chauffer la moitié du beurre à feu vif et faire saisir les escalopes 30 secondes de chaque côté. Retirer les escalopes et réserver au chaud. (Suite) ➤

Dans la même poêle, ajouter le reste du beurre et faire revenir l'échalote et les champignons 3 minutes. Ajouter le Madère et faire réduire du tiers. Ajouter le bouillon de boeuf et laisser mijoter 10 minutes. Ajouter la crème et poursuivre la cuisson 5 minutes. Saler et poivrer.

Au service, napper les escalopes de sauce. 🍎

Suggestion d'accompagnement
Aubergines au parmesan
(recette en page 120) et haricots verts

Fédération 18

Vous pouvez acheter une surlonge de veau d'environ 900 g (2 lb) que vous taillerez en portions individuelles et aplatirez pour qu'elles aient toutes la même épaisseur. Vous obtiendrez des tranches un peu plus épaisses que les escalopes vendues dans le comptoir, mais vous pourrez obtenir une cuisson rosée et la viande sera plus tendre.

Veau au paprika

Pour 4 personnes
Temps de préparation : 15 minutes
Temps de cuisson : 50 minutes

Ingrédients

675 g (1 1/2 lb) de longe de veau,
    taillée en cubes de 5 cm (2 po)
15 ml (1 c. à soupe) de beurre
Sel et poivre

(Suite) ➤

250 ml (1 tasse) de carottes, tranchées
250 ml (1 tasse) d'oignons, tranchés
1 gousse d'ail, hachée
45 ml (3 c. à soupe) de farine
15 ml (1 c. à soupe) de paprika
2 ml (1/2 c. à thé) de sel
2 ml (1/2 c. à thé) de poivre
250 ml (1 tasse) de bouillon de volaille
250 ml (1 tasse) de bouillon de bœuf
125 ml (1/2 tasse) de vin blanc sec
2 feuilles de laurier
125 ml (1/2 tasse) de crème sure
Persil haché

Dans une casserole allant au four, chauffer le beurre à feu vif et faire saisir les cubes de veau sur toutes leurs faces. Retirer la viande de la casserole et réserver.

Dans la même casserole, faire revenir les carottes, les oignons et l'ail 10 minutes. Incorporer la farine, le paprika, le sel et le poivre. Ajouter les bouillons, le vin et les feuilles de laurier. Bien remuer et remettre la viande dans la casserole. Couvrir. Diminuer la chaleur et laisser mijoter 45 minutes.

Retirer les feuilles de laurier. Incorporer la crème sure et remuer. Poursuivre la cuisson 5 minutes à feu doux. Garnir de persil.

Servir avec des pommes de terre rissolées et des haricots au beurre. 🍎

Fédération 10

Le veau se prête bien aux ajouts d'aromates et de fines herbes.

Foie de veau à l'italienne

Pour 4 personnes
Temps de préparation : *15 minutes*
Temps de cuisson : *10 minutes*

Ingrédients

450 g (1 lb) de foie de veau,
  taillé en lanières

45 ml (3 c. à soupe) de beurre

2 oignons, tranchés minces

5 ml (1 c. à thé) de sel

2 ml (1/2 c. à thé) de poivre

80 ml (1/3 tasse) de vin blanc

30 ml (2 c. à soupe) de persil frais,
  haché

Dans une poêle, chauffer le beurre et faire revenir les oignons 5 minutes. Augmenter le feu et ajouter le foie. Cuire 2 minutes. Saler et poivrer.

Ajouter le vin blanc et cuire 1 minute.

Au service, garnir de persil.

Suggestion d'accompagnement
Purée de pommes de terre et carottes au miel

Fédération 08

Volaille

Brochettes de poulet, marinade de yogourt

Pour 4 personnes

Temps de préparation : 15 minutes

Temps de marinade : 2 heures

Temps de cuisson : 12 minutes

Ingrédients

4 blancs de poulet, coupés en cubes

1 poivron rouge, taillé en rectangles

1 oignon doux, coupé en quartiers

Marinade

250 ml (1 tasse) de yogourt nature

3 gousses d'ail, hachées finement

1/2 oignon, haché finement

2 ml (1/2 c. à thé) de sel

1 ml (1/4 c. à thé) de poivre

1 ml (1/4 c. à thé) de poudre de chili

1 ml (1/4 c. à thé) de graines de carvi, broyées

15 ml (1 c. à soupe) de sirop d'érable ou de miel

60 ml (1/4 tasse) de jus d'orange

Le zeste d'une orange

Tremper les brochettes de bois au moins 30 minutes dans l'eau froide.

Préparation de la marinade : dans un grand plat, amalgamer les ingrédients de la marinade et réserver 125 ml (1/2 tasse) de marinade à utiliser comme sauce pour le service avant d'y déposer le poulet. Ajouter les cubes de poulet au restant de marinade et laisser reposer au réfrigérateur au moins 2 heures.

Enfiler les cubes de poulet sur les brochettes en alternance avec le poivron et l'oignon.

Préchauffer le four à « broil ». Cuire les brochettes 3 minutes sur chaque face. Badigeonner de marinade à chaque rotation.

Dans une casserole, réchauffer la quantité de marinade qui servira de sauce et en napper les brochettes au moment de servir. 🌿

Suggestion d'accompagnement

Salade de pommes et de concombres

Lise Richard Bouffard

Cercle Saint-Raphaël, **Fédération 04**

Épices : vous pouvez remplacer les aromates ci-haut par du cari, de la lime et du Tabasco, mais conservez le yogourt qui donne au poulet tout son moelleux.

Brochettes de poulet, sauce aux arachides

Pour 4 personnes

Temps de préparation : 15 minutes

Temps de marinade : 2 heures

Temps de cuisson : 15 minutes

Ingrédients

2 blancs de poulet, taillés en lanières

Marinade

1 gousse d'ail, écrasée

5 ml (1 c. à thé) de chili en poudre

15 ml (1 c. à soupe) de gingembre
  en poudre

45 ml (3 c. à soupe) de sauce soya

30 ml (2 c. à soupe) de vinaigre
  de vin blanc

30 ml (2 c. à soupe) d'huile de canola

Sauce aux arachides

1 échalote française, hachée

1 gousse d'ail, hachée

2 ml (1/2 c. à thé) de flocons de piment
  rouge

5 ml (1 c. à thé) de gingembre en poudre

15 ml (1 c. à soupe) de cassonade

15 ml (1 c. à soupe) de jus de citron

30 ml (2 c. à soupe) de vinaigre blanc

30 ml (2 c. à soupe) de beurre d'arachide

60 ml (1/4 tasse) d'eau (au besoin)

5 ml (1 c. à thé) de fécule de maïs
  délayée dans 15 ml (1 c. à soupe)
  d'eau (au besoin)

Dans un plat en verre, mélanger les ingrédients de la marinade et y déposer les lanières de poulet. Couvrir d'une pellicule plastique et placer au réfrigérateur au moins 2 heures.

Faire tremper les brochettes 30 minutes dans l'eau froide.

Préparation de la sauce : *dans un robot culinaire, mélanger tous les ingrédients de la sauce. Verser la sauce dans une casserole et porter à ébullition. Remuer et laisser mijoter doucement 3 minutes. Pour diluer la sauce, ajouter un peu d'eau chaude et pour l'épaissir ajouter de la fécule de maïs diluée dans l'eau froide.*

Enfiler deux lanières de poulet en accordéon sur chaque brochette. Griller les brochettes 4 à 5 minutes sous le « broil » ou sur le barbecue en les retournant fréquemment.

Servir avec la sauce dans un bol à part. 🌶

Suggestion d'accompagnement
Salade de crudités (concombres, carottes et tomates)

Fédération 13

Pour servir comme bouchée lors d'un cocktail, utilisez des brochettes plus courtes et enfilez une seule lanière de poulet.

Cari de poulet

Pour 4 personnes
Temps de préparation : 15 minutes
Temps de marinade : 15 minutes
Temps de cuisson : 10 minutes

Ingrédients

2 blancs de poulet, coupés en lanières
30 ml (2 c. à soupe) d'huile de canola
30 ml (2 c. à soupe) de cari
30 ml (2 c. à soupe) de sauce soya
1 oignon, coupé en lamelles
1/2 poivron rouge, coupé en lanières
8 champignons, essuyés et taillés
   en quartiers
80 ml (1/3 tasse) de raisins blonds,
   séchés
250 ml (1 tasse) de bouillon de volaille
80 ml (1/3 tasse) crème sure
30 ml (2 c. à soupe) d'amandes effilées,
   grillées

Dans un bol, faire mariner les lanières de poulet dans 15 ml (1 c. à soupe) d'huile de canola, le cari et la sauce soya pendant 15 minutes.

Dans une poêle, chauffer l'huile restante et faire revenir les lanières de poulet 2 minutes. Ajouter l'oignon, le poivron rouge et les champignons. Faire revenir 3 minutes. Ajouter le bouillon de volaille et les raisins et poursuivre la cuisson 2 minutes. Retirer du feu et ajouter la crème sure.

Dans une casserole, amener le bouillon de volaille à ébullition. Réduire le feu et ajouter les raisins secs pour les réhydrater. Réserver.

Garnir d'amandes effilées.

Suggestion d'accompagnement
Riz cuit à la vapeur.

Fédération 10

Vous pourriez également utiliser du poulet déjà cuit coupé en dés. Vous n'aurez qu'à l'ajouter en même temps que le bouillon de volaille et les raisins.

Casserole de poulet et de riz

Pour 4 personnes
Temps de préparation : 15 minutes
Temps de cuisson : 15 minutes

Ingrédients

500 g (16 oz) de poulet cuit,
   coupé en cubes
250 ml (1 tasse) de haricots verts,
   cuits et coupés en tronçons
15 ml (1 c. à soupe) de beurre
1 échalote française, hachée
5 ml (1 c. à thé) de piment de Cayenne
1 boîte 284 ml (10 oz) de crème de céleri
250 ml (1 tasse) de riz long grain, cuit
250 ml (1 tasse) de cheddar râpé

Préchauffer le four à 175 °C (350 °F).

Dans une casserole, chauffer le beurre et faire revenir l'échalote. Ajouter le piment de Cayenne et la crème de céleri. Laisser mijoter 2 minutes. Ajouter le poulet, le riz et les haricots. Mélanger.

Dans un plat allant au four, déposer la préparation et couvrir de cheddar.

Mettre au four et cuire jusqu'à ce que la préparation bouillonne légèrement et le fromage commence à dorer. 🌿

Fédération 25

Crêpes au poulet gratinées

Pour 4 personnes
Temps de préparation : 15 minutes
Temps de cuisson : 15 minutes

Ingrédients

450 g (16 oz) de poulet cuit, coupé en cubes
30 ml (2 c. à soupe) de beurre
1 échalote française, hachée
8 champignons, émincés
30 ml (2 c. à soupe) de farine
125 ml (1/2 tasse) de bouillon de volaille
   ou de lait
15 ml (1 c. à soupe) de persil, haché
15 ml (1 c. à soupe) de sauge, hachée
125 ml (1/2 tasse) de fromage gruyère, râpé
Sel et poivre   *(Suite)* ➤

Pâte à crêpes

250 ml (1 tasse) de farine
375 ml (1 1/2 tasse) de lait
2 œufs
15 ml (1 c. à soupe) de beurre fondu
1 ml (1/4 c. à thé) de sel
30 ml (2 c. à soupe) de ciboulette

Préparation de la pâte à crêpes : dans un bol, mélanger tous les ingrédients et réfrigérer 30 minutes.

Enduire le fond d'une poêle d'un peu d'huile et laisser chauffer quelques instants. Verser 60 ml (1/4 tasse) de pâte à crêpes. Répartir la pâte sur toute la surface de la poêle. Faire dorer 1 minute à feu moyen. Retourner et faire dorer 30 secondes. Réserver au chaud. Répéter pour les trois autres crêpes.

Préchauffer le four à 175 °C (350 °F).

Dans une casserole, faire fondre le beurre et faire revenir l'oignon à feu doux. Ajouter les champignons et faire revenir 3 minutes. Ajouter la farine, puis le bouillon de volaille. Porter à ébullition et laisser mijoter 2 minutes. Ajouter les cubes de poulet, le persil et la sauge. Saler et poivrer.

Garnir les crêpes du mélange de poulet et plier en portefeuille. Déposer dans un plat allant au four. Recouvrir de fromage râpé.

Cuire jusqu'à ce que le fromage commence à dorer. 🌿

Fédération 13

Escalopes de poulet garnies de noix

Pour 4 personnes
Temps de préparation : 15 minutes
Temps de cuisson : 15 minutes

Ingrédients

2 blancs de poulet, escalopés
   en 4 portions
1 oeuf
15 ml (1 c. à soupe) de lait
30 ml (2 c. à soupe) de farine
60 ml (1/4 tasse) de pacanes, broyées
60 ml (1/4 tasse) d'amandes, broyées
125 ml (1/2 tasse) de chapelure
15 ml (1 c. à soupe) de persil, haché
Sel et poivre
30 ml (2 c. à soupe) de beurre
15 ml (1 c. à soupe) d'huile d'olive
125 ml (1/2 tasse) de Marsala
   ou de Xérès (facultatif)
Ciboulette fraîche, hachée

Dans un bol, battre l'œuf avec le lait. Dans deux autres assiettes, déposer la farine dans l'une et le mélange de pacanes, amandes, chapelure et persil dans l'autre.

Enrober les escalopes de farine. Puis tremper dans le mélange d'œuf et de lait. Déposer dans le mélange de noix et de chapelure en manipulant délicatement et bien enrober les escalopes de cette préparation.

Dans une poêle, chauffer le beurre et l'huile sur feu moyen. Déposer les escalopes et dorer de 3 à 5 minutes de chaque côté, selon l'épaisseur. Saler et poivrer.

Si vous désirez servir une sauce en accompagnement, déglacer la poêle avec le Marsala ou le Xérès et laisser réduire du tiers.

Décorer les escalopes de ciboulette.

> **Suggestion d'accompagnement**
> Salade verte arrosée d'une vinaigrette bien relevée.

Françoise Martin
Cercle Montmagny, Fédération 03

Paillards de poulet, chutney aux tomates

Pour 4 personnes
Temps de préparation : 15 minutes
Temps de cuisson :
20 minutes pour le chutney
5 minutes pour les paillards

Ingrédients

2 blancs de poulet, taillés en escalopes
15 ml (1 c. à soupe) d'huile d'olive
Le jus d'un citron
1 gousse d'ail, hachée
Sel et poivre

(Suite) ➤

Chutney aux tomates

60 ml (1/4 tasse) de vinaigre de vin blanc

45 ml (3 c. à soupe) de cassonade

250 ml (1 tasse) de tomates, coupées en dés

125 ml (1/2 tasse) de poivron rouge, coupé en dés

2 échalotes françaises, hachées

1 gousse d'ail, hachée

5 ml (1 c. à thé) de piment de Cayenne

5 ml (1 c. à thé) de gingembre, râpé

Sel et poivre

Préparation du chutney : dans une casserole, mélanger tous les ingrédients. Porter à ébullition et remuer de temps à autre. Laisser mijoter 20 minutes. Laisser tiédir.

Badigeonner les escalopes de poulet d'huile, d'ail et de citron. Saler et poivrer.

Chauffer le barbecue ou une poêle striée et faire griller les escalopes 2 minutes de chaque côté. 🌿

Conseil

Le **chutney** peut se préparer à l'avance et se conserver deux semaines au réfrigérateur. Vous pouvez l'utiliser également pour accompagner un poisson blanc cuit à la vapeur.

Fédération 23

On appelle **paillard** une escalope grillée à feu vif.

Pilons de poulet au miel

Pour 4 personnes

Temps de préparation : 15 minutes

Temps de marinade : 2 heures

Temps de cuisson : 25 minutes

Ingrédients

12 pilons de poulet

125 ml (1/2 tasse) de miel liquide

30 ml (2 c. à soupe) de jus de citron

30 ml (2 c. à soupe) de sauce soya

15 ml (1 c. à soupe) de graines de sésame

2 ml (1/2 c. à thé) de thym séché

2 ml (1/2 c. à thé) de sel

1 ml (1/4 c. à thé) de poivre

80 ml (1/3 tasse) de farine

45 ml (3 c. à soupe) de beurre

45 ml (3 c. à soupe) d'huile de maïs

125 ml (1/2 tasse) de vin blanc

125 ml (1/2 tasse) de bouillon de volaille

Sel et poivre

Dans un bol, mélanger le miel, le jus de citron, la sauce soya, les graines de sésame et le thym. Enduire le poulet de ce mélange et laisser reposer au réfrigérateur 2 heures.

Égoutter les pilons et réserver la marinade.

Dans une assiette creuse, mélanger le sel, le poivre et la farine. Enfariner les pilons.

(Suite) ▶

Dans une grande poêle, chauffer le beurre et l'huile et faire dorer les pilons. Réduire le feu et poursuivre la cuisson 10 minutes en retournant les pilons à l'occasion. Retirer du feu et garder au chaud.

Dans la même poêle, ajouter le vin, le bouillon de volaille et la marinade réservée et remuer le liquide pour déloger les particules dans le fond de la poêle. Laisser mijoter jusqu'à ce que le tout ait réduit de moitié. Saler et poivrer. 🌿

Suggestion d'accompagnement

Couscous aux tomates séchées
(recette en page 114)

(recette en page 114)

Fédération 07

Paella au poulet

Pour 4 personnes
Temps de préparation : 15 minutes
Temps de cuisson : 40 minutes

Ingrédients

4 cuisses de poulet,
  entières avec leur peau
60 ml (1/4 tasse) d'huile d'olive
1 oignon, haché
1 gousse d'ail, écrasée
5 ml (1 c. à thé) de curcuma en poudre
115 g (4 oz) de chorizo ou de jambon
  fumé, coupé en tranches   *(Suite)* ➤

250 ml (1 tasse) de riz à long grain
500 ml (2 tasses) de bouillon de volaille
4 tomates, pelées, épépinées
  et coupées en dés
1 poivron rouge, coupé en lanières
115 g (4 oz) de petits pois surgelés
Sel et poivre

Dans une poêle, chauffer l'huile et faire dorer les cuisses de poulet sur toutes les faces. Ajouter l'oignon, l'ail et le curcuma. Faire revenir 3 minutes. Ajouter le chorizo, le riz et le bouillon de volaille. Porter à ébullition. Saler et poivrer. Couvrir et laisser mijoter doucement 20 minutes.

Retirer du feu et ajouter les tomates, les poivrons et les pois surgelés. Poursuivre la cuisson à feu doux 10 minutes. 🌿

Fédération 08

La **paella** est un plat typiquement espagnol très populaire dont la recette peut varier en fonction des ingrédients locaux et de saison. C'est pourquoi il existe autant de variantes de ce mets typique auquel on ajoutait parfois des artichauts, des haricots verts, des calmars, du lapin ou du canard. Pour un souper de réception, vous pouvez remplacer le poulet par des fruits de mer et des moules.

Poitrines de poulet farcies de jambon

Pour 4 personnes

Temps de préparation : 15 minutes
Temps de cuisson : 40 minutes

Ingrédients

4 blancs de poulet
15 ml (1 c. à soupe) d'huile d'olive
1 boîte de 284 ml (10 oz) de crème
   de champignons
225 g (8 oz) de champignons, tranchés
125 ml (1/2 tasse) de parmesan, râpé

Farce

125 ml (1/2 tasse) de jambon, haché
1 échalote française, hachée finement
1 œuf
5 ml (1 c. à thé) de cannelle
5 ml (1 c. à thé) de sauge
45 ml (3 c. à soupe) de crème 35 %
125 ml (1/2 tasse) de mie de pain,
   taillée en cubes
Sel et poivre

Préparation de la farce : dans un bol, amalgamer le jambon, l'échalote, l'œuf, la cannelle et la sauge. Dans un autre bol, verser la crème sur la mie de pain et l'ajouter au premier mélange. Saler et poivrer.

Faire une incision latérale pour former une poche dans chaque blanc de poulet. Farcir les poitrines du mélange et ficeler solidement.

Préchauffer le four à 175 °C (350 °F).

Dans une poêle allant au four, chauffer l'huile sur feu moyen. Faire dorer les blancs de poulet 3 à 5 minutes de chaque côté, selon l'épaisseur. Saler et poivrer.

Dans une autre poêle, chauffer le beurre et faire revenir les champignons 5 minutes.

Verser la crème de champignons sur les blancs de poulet, ajouter les champignons et cuire au four 30 minutes.

Au service, détailler les blancs en tranches de 1,5 cm (1/2 po) d'épaisseur et parsemer de fromage parmesan.

Bernadette G. Beaulieu
Cercle Saint-Louis-du-Ha! Ha!
Fédération 03

Poulet grillé au romarin et au citron

Pour 4 personnes

Temps de préparation : 15 minutes

Temps de cuisson : 75 minutes

Ingrédients

1 poulet entier de 1,5 à 2 kg (3 à 5 lb)

15 ml (1 c. à soupe) d'huile d'olive

15 ml (1 c. à soupe) d'épices cajun

5 tiges de romarin

1 oignon, coupé en quartiers

1 citron, coupé en quartiers

2 gousses d'ail, coupées en deux

250 ml (1 tasse) de bouillon de volaille

125 ml (1/2 tasse) de vin blanc

1 feuille de laurier

Sel et poivre

Préchauffer le four à 175 °C (350 °F).

Passer le poulet à l'eau froide et bien l'assécher. Saler et poivrer la cavité.

Déposer le poulet dans une grande lèchefrite. Badigeonner le poulet d'huile d'olive. Arroser du jus de deux quartiers de citron. Saupoudrer d'épices cajun et de sel. Farcir la cavité du poulet avec l'oignon, les deux quartiers de citron restants, deux moitiés d'ail et trois tiges de romarin. Bien ficeler les pattes.

Verser le bouillon de volaille et le vin dans la lèchefrite. Ajouter les deux autres moitiés d'ail, deux tiges de romarin et la feuille de laurier.

Enfourner et cuire 75 minutes.

Retirer le poulet de la lèchefrite et laisser reposer 10 minutes avant de le tailler.

Verser le jus de cuisson dans un contenant et laisser reposer quelques instants. Retirer une bonne partie du gras remonté à la surface. Remettre la lèchefrite sur le feu, verser le jus restant et laisser mijoter 5 minutes.

Suggestion d'accompagnement
*Pommes de terre rissolées et une poêlée de champignons
(voir recette en page 129).*

Fédération 15

Vous pouvez également faire rôtir ce poulet au tournebroche du barbecue. Procédez par chaleur indirecte pour la cuisson et placez une lèchefrite sous le poulet pour récupérer le jus de cuisson qui servira à préparer la sauce. Dégraisser et faire mijoter le jus restant avec du vin blanc, du bouillon de volaille, du romarin et une feuille de laurier à feu moyen-élevé sur la cuisinière.

Poulet tandoori

Pour 4 personnes
Temps de préparation : 15 minutes
Temps de marinade : 2 heures
Temps de cuisson : 25 minutes

Ingrédients

4 quarts de poulet, blancs ou cuisses, peau retirée

125 ml (1/2 tasse) de yogourt

15 ml (1 c. à soupe) de garam masala

15 ml (1 c. à soupe) de gingembre frais, haché

1 gousse d'ail, hachée

15 ml (1 c. à soupe) de piment en poudre

1 ml (1/4 c. à thé) de curcuma en poudre

15 ml (1 c. à soupe) de coriandre en poudre

15 ml (1 c. à soupe) de jus de citron

15 ml (1 c. à soupe) de sel

30 ml (2 c. à soupe) d'huile de maïs

Faire deux entailles dans la partie charnue de chaque portion de poulet. Déposer dans un plat et réserver.

Dans un bol, mélanger tous les autres ingrédients. Enduire le poulet de ce mélange et laisser reposer au réfrigérateur 2 heures.

Préchauffer le four à 230 °C (450 °F).

Mettre le plat au four et cuire 25 minutes. 🌶

Suggestion d'accompagnement
Salade de concombres et des quartiers de limes et de tomates.

Fédération 12

Le **garam masala** est un mélange de poudre d'épices originaire du nord de l'Inde. Vous pouvez faire votre propre mélange d'épices en broyant 30 ml (2 c. à soupe) de poivre noir, 15 ml (1 c. à soupe) de cumin, 2 ml (1/2 c. à thé) de graines de moutarde, 1 ml (1/4 c. à thé) de muscade, 5 ml (1 c. à thé) de clous de girofle, 2 ml (1/2 c. à thé) de curcuma et 2 ml (1/2 c. à thé) de coriandre.

Roulé de poulet au fromage

Pour 4 personnes
Temps de préparation : 15 minutes
Temps de cuisson : 50 minutes

Ingrédients

2 blancs de poulet

15 ml (1 c. à soupe) d'huile d'olive

80 ml (1/3 tasse) de noix de pin, grillées

30 ml (2 c. à soupe) de ciboulette, ciselée

225 g (8 oz) de fromage de chèvre ou de fromage aux herbes

4 tomates séchées, dans l'huile

30 ml (2 c. à soupe) de miel

Sel et poivre

Préchauffer le four à 175 °C (350 °F).

Placer les blancs côte à côte entre deux couches de pellicule plastique. À l'aide d'un maillet à viande, réduire l'épaisseur des poitrines jusqu'à 1,25 cm (1/2 po).

Dans un bol, mélanger les noix de pin, la ciboulette, le fromage, le sel et le poivre. Étendre ce mélange sur les blancs de poulet. Étaler les tomates séchées en couche uniforme. Rouler le poulet en serrant bien pour former un saucisson. Fixer le rouleau au besoin à l'aide d'un cure-dent. Badigeonner de miel.

Déposer le poulet dans une lèchefrite et cuire au four 50 minutes.

Tailler le saucisson en tranches avant de servir. 🍃

Suggestion d'accompagnement

Tomates au riz parfumé et des courgettes au parmesan (recettes en pages 125 et 123)

Fédération 09

Poulet au miel et à l'orange

Pour 4 personnes
Temps de préparation : 15 minutes
Temps de cuisson : 10 minutes

Ingrédients

2 blancs de poulet, coupés en lanières
15 ml (1 c. à soupe) d'huile de canola
1 oignon, coupé en lamelles
125 ml (1/2 tasse) de pois mange-tout
1/2 poivron rouge, coupé en lanières
250 ml (1 tasse) de bouillon de volaille
5 ml (1 c. à thé) de miel
30 ml (2 c. à soupe) de jus d'orange
30 ml (2 c. à soupe) de mirin
60 ml (1/4 tasse) de sauce soya
2 échalotes vertes,
    coupées en tranches fines

Dans une poêle, chauffer l'huile et faire revenir les lanières de poulet et l'oignon 3 minutes. Ajouter les pois mange-tout et le poivron rouge et poursuivre la cuisson 2 minutes.

Dans un bol, mélanger le bouillon de volaille, le miel, le jus d'orange, le mirin et la sauce soya. Verser dans une casserole et laisser mijoter 5 minutes.

Servir la préparation de poulet sur du riz cuit à la vapeur. Répartir la sauce dans chaque assiette et garnir de fines tranches d'échalotes. 🍃

Monique Gagné Fréchette
Cercle Saint-Noël de Thetford
Fédération 06

Cuisses de poulet grillées au citron-lime

Pour 4 personnes

Temps de préparation : 15 minutes

Temps de marinade : 2 heures

Temps de cuisson : 30 minutes

Ingrédients

4 cuisses de poulet

15 ml (1 c. à soupe) de zeste de citron

15 ml (1 c. à soupe) de zeste de lime

125 ml (1/2 tasse) le jus de citron

125 ml (1/2 tasse) de jus de lime

15 ml (1 c. à soupe) de sucre

1 gousse d'ail, hachée

5 ml (1 c. à thé) de piment de Cayenne

5 ml (1 c. à thé) de sel

5 ml (1 c. à thé) de poivre

125 ml (1/2 tasse) d'huile d'olive

Dans un bol, mélanger les zestes, les jus, le sucre, l'ail, 2 ml (1/2 c. à thé) de piment de Cayenne, le sel et le poivre. Ajouter la moitié de l'huile d'olive.

Déposer les cuisses de poulet dans un plat en verre. Verser la moitié, soit 125 ml (1/2 tasse) de la préparation sur les cuisses de poulet et bien enduire les surfaces de cette marinade. Mettre le poulet et sa marinade dans un sac de plastique hermétique. Retirer le maximum d'air du sac. Placer au réfrigérateur deux heures.

Préchauffer le barbecue.

Sortir le sac du réfrigérateur et déposer les cuisses sur un papier absorbant. Éponger l'excédent de marinade et la jeter.

Griller au barbecue 15 minutes de chaque côté.

Utiliser la seconde moitié de marinade pour faire une vinaigrette en y ajoutant le restant de l'huile d'olive et du piment de Cayenne et battre au fouet pour bien amalgamer.

Au service, verser la vinaigrette sur le poulet.

Suggestion d'accompagnement

Salade d'épinards au chorizo et aux pommes (recette en page 152)

Fédération 15

Vous pouvez également faire rôtir ce poulet au tournebroche du barbecue. Procédez par chaleur indirecte pour la cuisson et placez une lèche-frite sous le poulet pour récupérer le jus de cuisson qui servira à préparer la sauce. Dégraisser et faire mijoter le jus restant avec du vin blanc, du bouillon de volaille, du romarin et une feuille de laurier à feu moyen-élevé sur la cuisinière.

Coquillages et fruits de mer

Coquilles de fruits de mer

Pour 4 personnes

Temps de préparation : *15 minutes*

Temps de cuisson : *15 minutes*

Ingrédients

450 g (1 lb) de filets de sole

280 g (10 oz) de crevettes

280 g (10 oz) de pétoncles

30 ml (2 c. à soupe) de persil frais, haché

250 ml (1 tasse) de vin blanc

30 ml (2 c. à soupe) de beurre

30 ml (2 c. à soupe) de farine

300 ml 1 1/4 tasse) de lait

250 ml (1 tasse) de fromage gruyère, râpé

1 ml (1/4 c. à thé) de muscade

Sel et poivre

Purée de pommes de terre

Dans une grande poêle, verser le vin et ajouter le persil. Amener au point de frémissement, déposer les filets de sole et cuire 5 minutes à feu doux. Défaire le poisson à la fourchette. Ajouter les crevettes et les pétoncles et poursuivre la cuisson 2 minutes à feu doux.

Égoutter le poisson, les crevettes et les pétoncles. Déposer dans un bol et réserver au chaud. Laisser réduire le liquide de moitié.

Dans une casserole, faire fondre le beurre. Retirer du feu et ajouter la farine en remuant. Ajouter le lait et le liquide de cuisson réduit. Ajouter la muscade et la moitié du fromage. À l'aide d'un fouet, rendre cette préparation homogène. Saler et poivrer.

Ajouter les fruits de mer et le poisson et les incorporer délicatement à la préparation.

Déposer le mélange dans quatre coquilles tapissées de purée de pommes de terre ou dans des ramequins et couvrir du reste du fromage.

Passer sous le gril du four pour gratiner le fromage.

Suggestion d'accompagnement
Tomates et courgettes aux herbes au four (recette en page 152)

Nicole Hupé-LaHaye
Cercle Saint-Célestin, Fédération 07

Pétoncles, sauce Teriyaki

Pour 4 personnes

Temps de préparation : *15 minutes*

Temps de cuisson : *15 minutes*

Ingrédients

12 pétoncles, catégorie U-10

15 ml (1 c. à soupe) de beurre

(Suite) ➤

Sauce

60 ml (1/4 tasse) de vinaigre balsamique

60 ml (1/4 tasse) de vin blanc

15 ml (1 c. à soupe) de sauce soya

15 ml (1 c. à soupe) de citron

15 ml (1 c. à soupe) de cassonade

Sel et poivre

Préparation de la sauce : dans une casserole, mélanger tous les ingrédients et laisser mijoter 15 minutes. Saler et poivrer. Réserver.

Dans une poêle, chauffer le beurre à feu élevé. Faire dorer les pétoncles, 2 minutes de chaque côté.

Au service, napper les pétoncles de sauce.

Suggestion d'accompagnement
Risotto aux petits pois et à l'échalote
(recette en page 114)

Fédération 24

Il est important de retirer le petit muscle qui se trouve sur le côté du pétoncle et qui devient coriace à la cuisson. Pour être à son meilleur, le pétoncle ne doit pas être cuit trop longtemps. L'extérieur doit être doré mais l'intérieur doit rester moelleux.

Crêpes au homard

Pour 4 personnes
Temps de préparation : 15 minutes
Temps de cuisson : 15 minutes

Ingrédients

375 ml (1 1/2 tasse) de homard cuit, taillé en cubes

15 ml (1 c. à soupe) de beurre

15 ml (1 c. à soupe) d'oignon, haché

Sel et poivre

Fromage râpé

Crêpes

250 ml (1 tasse) de farine

375 ml (1 1/2 tasse) de lait

2 œufs

15 ml (1 c. à soupe) de beurre fondu

1 ml (1/4 c. à thé) de sel

30 ml (2 c. à soupe) de ciboulette

Béchamel

30 ml (2 c. à soupe) de beurre

30 ml (2 c. à soupe) de farine

250 ml (1 tasse) de lait

Sel et poivre

Préparation de la pâte à crêpes : dans un bol, mélanger tous les ingrédients et réfrigérer 30 minutes.

Préparation de la béchamel : dans une casserole, faire fondre le beurre sur feu doux.

Ajouter la farine et remuer pour incorporer tout le beurre. Cuire 2 minutes. Ajouter le lait lentement en remuant constamment. Poursuivre la cuisson à feu doux environ 10 minutes jusqu'à ce que la béchamel épaississe. Saler et poivrer. Retirer du feu et réserver.

Dans une poêle, chauffer un peu d'huile et verser 60 ml (1/4 tasse) de pâte à crêpes. Répartir la pâte sur toute la surface de la poêle. Faire cuire 1 minute à feu moyen et retourner. Laisser dorer 30 secondes. Réserver au chaud. Répéter l'opération pour les trois autres crêpes.

Préchauffer le four à 175 °C (350 °F).

Dans une poêle, chauffer le beurre et faire revenir l'oignon 2 minutes. Ajouter le homard et cuire 1 minute. Saler et poivrer.

Garnir les crêpes du mélange de homard et plier en portefeuille. Déposer dans un plat allant au four. Recouvrir de fromage râpé.

Enfourner et cuire jusqu'à ce que fromage commence à dorer. 🌿

Suggestion d'accompagnement
Salade de fenouil (recette en page 152)

Régina Lavigne-Giroux
Cercle Causapscal, **Fédération 02**

Vous pouvez remplacer le homard par tout autre fruit de mer ou poisson de votre choix.

Crevettes sauce au vin blanc

Pour 4 personnes
Temps de préparation : 15 minutes
Temps de cuisson : 20 minutes

Ingrédients

600 g (1 1/3 lb) de crevettes crues, décortiquées
30 ml (2 c. à soupe) de beurre
30 ml (2 c. à soupe) d'huile d'olive
Sauce au vin blanc
125 ml (1/2 tasse) de vin blanc
375 ml (1 1/2 tasse) de fumet de poisson (recette en page 103)
15 ml (1 c. à soupe) de beurre
15 ml (1 c. à soupe) de farine
80 ml (1/3 tasse) de crème 35 %
15 ml (1 c. à soupe) de pâte de tomate
Sel et poivre

2 échalotes vertes, coupées en tronçons
Persil frais
Citron ou lime, en tranches

Dans une grande poêle, chauffer le beurre et l'huile et faire revenir les crevettes à feu vif. Saler et poivrer. Retirer et réserver.

Déglacer la poêle avec le vin et laisser réduire de moitié. Ajouter le fumet de poisson et porter à ébullition. Laisser réduire du tiers.

Entretemps, dans un petit bol, mélanger le beurre et la farine pour obtenir un beurre manié. À l'aide d'un fouet, incorporer le beurre manié au liquide chaud. Laisser mijoter jusqu'à épaississement. Ajouter la pâte de tomate et mélanger. Saler et poivrer.

Au service, répartir la sauce dans les assiettes, déposer les crevettes et garnir des tronçons d'échalotes, de persil frais et de tranches de citron ou de lime. 🌿

Suggestion d'accompagnement
Riz brun aux amandes et au persil (recette en page 117)

Fédération 14

Vous pouvez remplacer le vin blanc par du xérès. Vous obtiendrez ainsi un goût légèrement plus sucré pour la sauce.

Moules au vin blanc, persil et ciboulette

Pour 4 personnes
Temps de préparation : *15 minutes*
Temps de cuisson : *10 minutes*

Ingrédients

1,5 kg (3 lb) de moules, rincées
1 oignon, haché finement
250 ml (1 tasse) de vin blanc
2 oignons verts, tranchés finement

(Suite) ▶

1 branche de céleri, hachée finement
45 ml (3 c. à soupe) de persil frais, haché
45 ml (3 c. à soupe) de ciboulette, hachée
250 ml (1 tasse) de crème de table 10 %
Sel et poivre

Dans une grande casserole, mettre l'oignon, le céleri, la moitié du persil et de la ciboulette et verser le vin blanc. Amener à ébullition.

Ajouter les moules, couvrir et cuire à l'étuvée jusqu'à ce que les moules s'ouvrent. Retirer les moules de la casserole et jeter celles qui ne sont pas ouvertes. Incorporer la crème au jus de cuisson et laisser mijoter 2 minutes. Saler et poivrer.

Servir les moules dans des bols. Verser la sauce et saupoudrer du reste de persil et de ciboulette. Accompagner d'une baguette de pain bien chaude. 🌿

Fédération 21

On peut varier les sauces qui accompagnent les moules pour satisfaire les goûts de chacun. Vous pouvez ajouter des dés de tomates et des herbes salées ou encore remplacer le persil et la ciboulette par du cari. Le fenouil aime être associé à quelques gouttes de liqueur anisée. Osez la variété.

Poissons

Brochettes de saumon, sauce moutarde

Pour 4 personnes

Temps de préparation : *15 minutes*

Temps de marinade : *30 minutes*

Temps de cuisson : *10 minutes*

Ingrédients

700 g (1 1/2 lb) de saumon, en cubes de 2 cm (1 po) d'épaisseur

60 ml (1/4 tasse) de vin blanc

60 ml (1/4 tasse) de marinade au citron et au poivre (du commerce)

1 bulbe de fenouil, tranché finement

12 tranches de bacon

8 tomates cerises

1 oignon doux, coupé en quartiers

Sauce à la moutarde (style béchamel)

60 ml (1/4 tasse) de beurre

60 ml (1/4 tasse) de farine

300 ml (1 1/4 tasse) de lait

30 ml (2 c. à soupe) de moutarde de Dijon

Faire tremper les brochettes de bois au moins 30 minutes dans l'eau froide.

Préparation de la marinade : dans un grand plat, mélanger le vin, la marinade de citron et poivre et le fenouil. Ajouter les cubes de saumon et laisser mariner 30 minutes.

Placer les tranches de bacon sur une plaque allant au jour et cuire jusqu'à légère coloration. Retirer les tranches de la plaque et les déposer sur un papier absorbant.

Égoutter les cubes de saumon et enrouler chaque cube d'une tranche de bacon. Enfiler sur les brochettes en alternance avec les tomates cerises et l'oignon.

Préparation de la béchamel : dans une casserole, faire fondre le beurre sur feu doux. Ajouter la farine et remuer pour incorporer tout le beurre. Cuire 2 minutes. Ajouter le lait lentement en remuant constamment à l'aide d'un fouet. Cuire à feu doux environ 10 minutes jusqu'à ce que la béchamel épaississe. Ajouter la moutarde de Dijon et remuer. Retirer du feu et réserver.

Préchauffer le four à « broil ». Cuire les brochettes de 8 à 10 minutes selon la cuisson désirée. À mi-temps, retourner les brochettes et arroser de marinade.

Au service, verser la sauce à la moutarde et garnir de baies roses.

Suggestion d'accompagnement
Riz basmati, des carottes et du brocoli

Yolande B. Nadeau
Cercle l'Islet-sur-Mer, **Fédération 03**

Burgers de saumon, sauce à l'aneth

Pour 4 personnes

Temps de préparation : 15 minutes

Temps de cuisson : 10 minutes

Ingrédients

350 g (12 oz) de chair de saumon frais, hachée

30 ml (2 c. à soupe) de moutarde de Dijon

15 ml (1 c. à soupe) de zeste de citron

30 ml (2 c. à soupe) de graines d'aneth

30 ml (2 c. à soupe) d'huile d'olive

2 oignons verts, hachés

5 ml (1 c. à thé) de sauce Worcestershire

15 ml (1 c. à soupe) de beurre

15 ml (1 c. à soupe) d'huile d'olive

4 pains ciabatta

Sel et poivre

Sauce à l'aneth

45 ml (3 c. à soupe) de crème 35 %

45 ml (3 c. à soupe) de mayonnaise

45 ml (3 c. à soupe) de crème sure

15 ml (1 c. à soupe) de moutarde de Dijon

15 ml (1 c. à soupe) de jus de citron

45 ml (3 c. à soupe) de feuilles d'aneth frais, ciselées

Sel et poivre

Préparation de la sauce : dans un bol, mélanger tous les ingrédients et laisser reposer 30 minutes.

Dans un bol, mélanger le saumon, la moutarde de Dijon, le zeste de citron, l'aneth, l'huile d'olive, l'oignon et la sauce Worcestershire. Saler et poivrer.

Façonner cette préparation en galettes et faire cuire au barbecue 3 minutes de chaque côté. Retirer du feu et réserver.

Réchauffer les pains ciabatta sur la grille du barbecue. Les trancher en deux par le milieu.

Au service, badigeonner d'abord les pains de sauce et déposer ensuite une galette de saumon sur une moitié de ciabatta. Recouvrir de l'autre moitié.

Suggestion d'accompagnement

Oignons caramélisés et poivrons rouges, huile et balsamique (recette en page 126)

Fédération 14

Utilisez de préférence les feuilles d'aneth fraîches, car elles ont davantage de saveur.

Outre leur usage culinaire, les graines d'aneth sont réputées pour leurs propriétés calmantes et digestives.

Flétan à l'orientale en papillotes

Pour 4 personnes

Temps de préparation : 5 minutes

Temps de cuisson : 10 minutes

Ingrédients

450 g (1 lb) de flétan,
   taillé en quatre portions

4 échalotes vertes, coupées en biseau

30 ml (2 c. à soupe) de gingembre frais,
   râpé

1 gousse d'ail, émincée

30 ml (2 c. à soupe) de sauce de soya

30 ml (2 c. à soupe) de Xérès

15 ml (1 c. à soupe) de sucre

15 ml (1 c. à soupe) d'huile de sésame

15 ml (1 c. à soupe) d'huile de maïs

Préchauffer le four à 175 °C (350 °F).

Dans un bol, mélanger le gingembre, l'ail, la sauce soya, le Xérès, le sucre et l'huile de sésame.

Préparer 4 papillotes de papier parchemin et badigeonner l'intérieur d'huile de maïs. Déposer un morceau de flétan sur chaque papillote et recouvrir du mélange d'aromates. Répartir la quantité d'échalote sur le poisson. Fermer les papillotes en roulant les bords et déposer sur une plaque.

Enfourner et cuire 10 minutes ou jusqu'à ce que la vapeur fasse gonfler les papillotes.

Pour servir, déposer les papillotes sur des assiettes chaudes.

> **Suggestion d'accompagnement**
> Pois mange-tout légèrement grillés
> dans de l'huile aromatisée à l'ail.

Fédération 04

La racine de gingembre frais se garde très bien dans un sac hermétique au congélateur. Lorsque vous devez en prélever une partie, grattez la peau et râpez la quantité nécessaire. Vous éviterez ainsi de voir la racine sécher au réfrigérateur.

Filets de sole et crème de concombre

Pour 4 personnes

Temps de préparation : 15 minutes

Temps de cuisson : 15 minutes

Ingrédients

450 g (1 lb) de filets de sole

2 échalotes françaises, hachées finement

250 ml (1 tasse) de vin blanc

250 ml (1 tasse) de crème 35 %

30 ml (2 c. à soupe) de citron

1 concombre, pelé et coupé en julienne

1 tomate, coupée en dés

15 ml (1 c. à soupe) de persil, haché

Sel et poivre

Dans une grande poêle, déposer l'échalote et les filets de sole. Recouvrir du vin blanc et faire mijoter à feu doux 5 minutes.

Au terme de la cuisson, verser le jus de cuisson du poisson dans une casserole et laisser réduire de moitié. Ajouter la crème et amener à ébullition pour réduire de nouveau la sauce. Saler et poivrer. Ajouter le jus de citron.

Entretemps, dans une casserole, amener de l'eau à ébullition et plonger la julienne de concombre dans l'eau bouillante une minute. Égoutter et ajouter à la sauce.

Au service, napper les filets de sauce. Décorer de dés de tomates et saupoudrer de persil haché. 🍏

Fédération 07

Vous pouvez remplacer la sole par du tilapia, de l'aiglefin ou du pangasius.

Pâté au thon

Pour 4 personnes
Temps de préparation : 15 minutes
Temps de cuisson : 30 minutes

Ingrédients

2 boîtes de 160 g (6 oz) de thon

1 boîte de 284 ml (10 oz) de crème de céleri

30 ml (2 c. à soupe) de lait

30 ml (2 c. à soupe) de persil, haché

5 ml (1 c. à thé) de muscade

1 boîte de 398 ml (14 oz) de haricots verts

Sel et poivre   (Suite) ➤

Pâte

250 ml (1 tasse) de farine

15 ml (1 c. à soupe) de poudre à pâte

2 ml (1/2 c. à thé) de sel

45 ml (3 c. à soupe) de graisse végétale

30 ml (2 c. à soupe) de persil

5 ml (1 c. à thé) de graines de céleri

125 ml (1/2 tasse) de lait

Préchauffer le four à 220 °C (425 °F).

Dans un plat allant au four, mélanger la crème de céleri, le lait, le persil, la muscade, le sel et le poivre.

Égoutter le thon et l'ajouter au mélange. Égoutter les haricots et en recouvrir le thon.

Mettre au four pendant la préparation de la pâte.

Préparation de la pâte : *Dans un bol, mélanger la farine, la poudre à pâte et le sel. Ajouter la graisse végétale et amalgamer à l'aide d'un coupe-pâte pour obtenir une texture granuleuse. Ajouter le persil et les graines de céleri. Faire un puits et verser le lait. À l'aide d'une fourchette, mélanger pour obtenir une pâte claire.*

Sortir le plat du four et verser la pâte par cuillérée sur les haricots. Remettre au four et cuire 30 minutes ou jusqu'à ce que la pâte soit dorée. 🍏

Suggestion d'accompagnement
Casserole de tomates et courgettes aux herbes au four (recette en page 121)

Marie Plourde
Cercle Baie-Comeau, *Fédération 19*

Morue à la portugaise

Pour 4 personnes

Temps de préparation : 20 minutes

Temps de cuisson : 20 minutes

Ingrédients

450 g (1 lb) de morue fraîche,
coupée en 4 portions

15 ml (1 c. à soupe) d'huile d'olive

2 oignons, coupés en lamelles

2 gousses d'ail, hachées

450 g (1 lb) de pommes de terre cuites,
coupées en fines rondelles

2 œufs, cuits dur (1 coupé en dés
et un en tranches)

60 ml (1/4 tasse) d'olives noires

250 ml (1 tasse) de fumet de poisson
du commerce ou fait maison
(recette en page 103)

Persil frais, haché

Sel et poivre

Préchauffer le four à 175 °C (350 °F).

Dans une poêle, chauffer l'huile d'olive et faire revenir l'oignon et l'ail 5 minutes.

Dans un plat allant au four, déposer en alternance les tranches de pommes de terre, un peu du mélange d'oignon et d'ail, l'oeuf coupé en dés et la morue. Saler et poivrer. Recouvrir de tranches de pommes de terre, de tranches d'œuf et d'olives noires.

Verser le fumet de poisson pour couvrir le tout. Couvrir d'une feuille de papier d'aluminium et enfourner. Cuire 20 minutes.

Au moment de servir, décorer de persil.

Suggestion d'accompagnement
Légumes racines coupés en tranches fines, braisés au four

Fédération 02

Vous pouvez utiliser de la morue salée que vous aurez fait tremper dans l'eau pendant 24 heures en changeant l'eau régulièrement pour qu'elle ne marine pas dans son sel.

Au bout de 24 heures, remplacer l'eau par du lait dans lequel vous ajouterez 1 gousse d'ail épluchée. Le lait adoucit la chair et communique le parfum d'ail.

Pavés de saumon, vinaigrette au citron

Pour 4 personnes

Temps de préparation : 15 minutes

Temps de cuisson : 10 minutes

Ingrédients

700 g (1 1/2 lb) de saumon avec peau,
taillé en pavés

15 ml (1 c. à soupe) d'huile d'olive

5 ml (1 c. à thé) de miel

Sel et poivre

(Suite) ➤

Vinaigrette au citron

30 ml (2 c. à soupe) de jus de citron

60 ml (1/4 tasse) d'huile de canola

5 ml (1 c. à thé) de thym

Ciboulette

Sel et poivre

Dans un bol, mélanger tous les ingrédients de la vinaigrette. Réserver

À l'aide d'un pinceau à pâtisserie, badigeonner la chair de chaque pavé de saumon d'huile d'olive et de miel. Saler et poivrer.

Dans une poêle, chauffer l'huile d'olive à feu modéré et faire griller le saumon côté peau* seulement et sans couvrir. Laisser cuire 10 à 15 minutes selon l'épaisseur.

Au service, verser la vinaigrette sur chaque pavé. ❧

Suggestion d'accompagnement

Tomates cerises grillées et un gratin aux deux pommes
(recette en page 124)

Fédération 03

*On appelle « **cuisson à l'unilatéral** », cette façon de cuire le poisson. Cette méthode conserve à la chair tout son moelleux.

Quiche au saumon fumé et au brie

Pour 4 personnes

Temps de préparation : 15 minutes

Temps de cuisson : 30 minutes

Ingrédients

115 g (4 oz) de saumon fumé, coupé en languettes

90 g (3 oz) de fromage brie ou triple crème, coupé en dés

250 ml (1 tasse) de crème de table 10 %

3 œufs

1 ml (1/4 c. à thé) de sel

1 ml (1/4 c. à thé) de piment de Cayenne

2 échalotes vertes, tranchées finement

1 croûte de tarte congelée pour un plat profond

Préchauffer le four à 175 °C (350 °F).

Cuire l'abaisse selon les indications sur l'emballage. Retirer du four et laisser tiédir.

Dans un bol, fouetter la crème, les œufs, le sel et le piment de Cayenne.

Disposer le saumon et le fromage sur l'abaisse et verser le mélange de crème.

Cuire au centre du four 30 minutes. Laisser tiédir 5 minutes avant de servir. 🌿

Suggestion d'accompagnement
Tomates farcies au riz parfumé (recette en page 125) et une salade verte

Fédération 21

Truites grillées à l'orange et à la moutarde

Pour 4 personnes
Temps de préparation : 15 minutes
Temps de cuisson : 20 minutes

Ingrédients
4 truites d'environ 400 g (14 oz) chacune, nettoyées
24 brins d'estragon

(Suite) ➤

Glaçage
45 ml (3 c. à soupe) de moutarde de Dijon
10 ml (2 c. à thé) de miel
150 ml (2/3 tasse) de jus d'orange
60 ml (1/4 tasse) d'huile de maïs
Sel et poivre

Préchauffer le four à 175 °C (350 °F).

Faire trois entailles en biais sur chaque côté des truites et insérer un brin d'estragon.

Préparation du glaçage : dans un bol, mélanger la moutarde de Dijon, le miel et le jus d'orange à l'aide d'un fouet. Verser l'huile en mince filet en fouettant sans arrêt. Saler et poivrer.

Préchauffer le four à « broil ».

Déposer les truites sur une grille placée au dessus d'une lèchefrite et les badigeonner de glaçage. Griller au four 5 à 7 minutes. Retourner les truites doucement et les badigeonner à nouveau de glaçage. Enfourner pour 5 à 7 minutes encore ou jusqu'à ce que la chair soit tendre. 🌿

Suggestion d'accompagnement
Tomates, champignons et oignons grillés aux herbes

Fédération 06

Le temps de cuisson est en fonction de l'épaisseur du poisson, mesurée à l'endroit le plus large (10 minutes environ pour 2,5 cm (1 po).

Saumon garni de noisettes

Pour 4 personnes

Temps de préparation : 5 minutes

Temps de cuisson : 15 minutes

Ingrédients

450 g (1 lb) de filet de saumon
sans peau, taillé en 4 portions

125 ml (1/2 tasse) de mayonnaise

125 ml (1/2 tasse) de noisettes, hachées

15 ml (1 c. à soupe) d'estragon frais,
  émincé

5 ml (1 c. à thé) de zeste d'orange

Sel et poivre

Préchauffer le four à 175 °C (350 °F).

Disposer les pièces de saumon dans une lèchefrite huilée. Enduire chaque morceau de mayonnaise. Saupoudrer les noisettes et l'estragon. Parsemer de zeste d'orange. Saler et poivrer.

Cuire au four 15 minutes.

Suggestion d'accompagnement
Tomates et courgettes aux herbes (recette en page 125)

Fédération 19

Tilapia au coulis de carottes et de poivron rouge

Pour 4 personnes

Temps de préparation : 10 minutes

Temps de cuisson : 20 minutes

Ingrédients

450 g (1 lb) de filets de tilapia

30 ml (2 c. à soupe) de beurre

250 ml (1 tasse) de carottes, tranchées

1 poivron rouge, tranché en lamelles

60 ml (1/4 tasse) de crème 35 %

Persil frais, haché

Sel et poivre

Dans une poêle, chauffer la moitié du beurre et faire revenir les carottes et le poivron. Laisser cuire 15 minutes.

Verser les légumes dans un robot. Ajouter la crème et pulser pour obtenir une consistance onctueuse. Saler et poivrer.

Dans une poêle, chauffer le reste du beurre et faire revenir les filets de tilapia.

Au service, déposer la sauce dans le fond de l'assiette et poser le filet de tilapia dessus. Décorer de persil.

Suggestion d'accompagnement
Épinards à la crème (recette en page 122)

Fédération 17

Fumet de poisson

Temps de préparation : 15 minutes
Temps de cuisson : 30 minutes

Ingrédients

1 kg (2 lb) d'arêtes et de têtes
de poissons

15 ml (1 c. à soupe) de beurre

1 oignon, haché

4 champignons, coupés en quartiers

30 ml (2 c. à soupe) de jus de citron

1 branche de céleri

1 feuille de laurier

60 ml (1/4 tasse) de queues de persil

5 ml (1 c. à thé) de sel

1 l (4 tasses) d'eau (ou suffisamment
pour couvrir)

Laver à grande eau les arêtes et les têtes de poissons.

Dans une grande casserole, chauffer le beurre et faire colorer le poisson avec les oignons et les champignons 10 minutes.

Couvrir d'eau froide, ajouter le jus de citron, la branche de céleri, la feuille de laurier et les queues de persil. Porter à ébullition et enlever l'écume qui se forme à la surface.

Cuire 30 minutes. À l'aide d'une passoire, filtrer le fumet.

Fédération 24

Vous pouvez congeler le fumet en surplus pour une utilisation future.

Ragoût de poisson épicé

Pour 4 personnes
Temps de préparation : 15 minutes
Temps de cuisson : 25 minutes

Ingrédients

450 g (1 lb) de tilapia, coupé
en morceaux de 2,5 cm (1 po)
ou d'un autre poisson à chair blanche

15 ml (1 c. à soupe) d'huile d'olive

1 oignon, haché finement

1 gousse d'ail, émincée

250 ml (1 tasse) de tomates, en dés

250 ml (1 tasse) d'eau

250 ml (1 tasse) de pommes de terre,
coupées en morceaux de 2,5 cm (1 po)

1 piment jalapenos, épépiné et émincé

2 ml (1/2 c. à thé) de cumin moulu

2 ml (1/2 c. à thé) de poudre de chili

2 ml (1/2 c. à thé) de sel

30 ml (2 c. à soupe) de coriandre fraîche,
hachée

Sel et poivre

Dans une grande casserole, chauffer l'huile et faire revenir l'oignon et l'ail 5 minutes.

Ajouter les tomates, l'eau, les pommes de terre, le piment, le cumin, la poudre de chili et le sel. Amener à ébullition. Couvrir. Réduire le feu et laisser mijoter 20 minutes.

Ajouter le poisson et poursuivre la cuisson 5 minutes. 🍏

Suggestion d'accompagnement
Quinoa aux amandes et aux abricots
(recette en page 116)

Fédération 18

Gibier

Cailles farcies

Pour 4 personnes

Temps de préparation : 15 minutes

Temps de marinade : 8 heures

Temps de cuisson : 45 minutes

Ingrédients

250 ml (1 tasse) de raisins de Corinthe

500 ml (2 tasses) de raisins verts
  sans pépins

60 ml (1/4 tasse) de Cognac
  ou de Brandy

750 ml (3 tasses) de vin blanc

30 ml (2 c. à soupe) d'huile d'olive

30 ml (2 c. à soupe) de beurre

8 cailles

3 tranches de pain, séchées toute
  une nuit et coupées en dés

4 fines tranches de jambon, hachées

2 échalotes françaises, hachées

5 ml (1 c. à thé) de romarin

1 feuille de laurier

60 ml (1/4 tasse) de crème 35 %

Sel et poivre

Dans un bol, faire tremper les raisins de Corinthe dans le Cognac. Dans un autre bol, faire tremper les raisins verts dans le vin blanc. Laisser mariner toute une nuit.

Préparation de la farce : dans un bol, mélanger le jambon, les échalotes, les raisins de Corinthe, le Cognac et le pain. Saler et poivrer.

Farcir les cailles. Saler et poivrer.

Dans une grande casserole, chauffer l'huile d'olive et le beurre et faire dorer les cailles à feu doux. Ajouter le romarin, la feuille de laurier et les raisins verts avec le vin de trempage. Laisser mijoter à feu doux 45 minutes.

Retirer les cailles et les déposer sur un plat de service. Réserver dans un four chaud.

Ajouter la crème dans la casserole et laisser mijoter jusqu'à épaississement. 🌱

Suggestion d'accompagnement
*Navets et panais au sirop d'érable
(recette en page 128)*

Danielle Bernard
Cercle Carleton, *Fédération 01*

Cretons au chevreuil

Pour 6 personnes

Temps de préparation : 10 minutes

Temps de cuisson : 60 minutes

Ingrédients

450 g (1 lb) de viande hachée
  de chevreuil

250 ml (1 tasse) de lait

1 oignon, haché finement

1 gousse d'ail, hachée

45 ml (3 c. à soupe) de céleri, haché

45 ml (3 c. à soupe) de poivron vert,
  haché   *(Suite)* ➤

2 ml (1/2 c. à thé) de clou de girofle
2 ml (1/2 c. à thé) de thym
2 ml (1/2 c. à thé) de persil
5 ml (1 c. à thé) de moutarde de Dijon
5 ml (1 c. à thé) de purée de tomates
Sel et poivre

Dans une casserole, mélanger la viande, le lait, l'oignon, l'ail, le céleri, le poivron, le clou de girofle et le thym. Cuire à feu doux pendant 60 minutes ou jusqu'à ce que le lait soit totalement absorbé.

Retirer du feu et ajouter le persil, la moutarde de Dijon et la purée de tomates. Saler et poivrer. 🍎

Lise Métayer
Cercle Sainte-Anne-des-Plaines
Fédération 16

Préparée d'avance cette recette se sert comme amuse-bouche sur des canapés ou comme entrée sur un lit de laitues.

Lapin aux aromates et aux champignons

Pour 6 personnes
Temps de préparation : 10 minutes
Temps de cuisson : 50 minutes

Ingrédients

60 ml (4 c. à soupe) de beurre
30 ml (2 c. à soupe) d'huile d'olive
1 lapin, découpé en 6 morceaux
1 gousse d'ail, hachée
60 ml (1/3 tasse) d'échalote française, hachée
125 ml (1/2 tasse) de jus de pomme
2 tomates, coupées en dés
0,5 ml (1/8 c. à thé) d'estragon
250 ml (1 tasse) de champignons, hachés
45 ml (3 c. à soupe) de farine
125 ml (1/2 tasse) de vin blanc
15 ml (1 c. à soupe) de persil, haché
Sel et poivre

Dans une grande casserole, chauffer la moitié du beurre et l'huile. Faire revenir les morceaux de lapin 5 minutes de chaque côté. Ajouter l'ail et l'échalote et faire revenir 2 minutes. Ajouter le jus de pomme, les tomates, l'estragon, le sel et le poivre. Laisser mijoter doucement 30 minutes.

Dans une poêle, chauffer le reste du beurre et faire revenir les champignons 5 minutes. Réserver.

Retirer les morceaux de lapin et réserver. Dégraisser le bouillon.

Délayer la farine dans 45 ml (3 c. à soupe) d'eau. Verser dans le bouillon. Ajouter le vin, les champignons et le persil. Remettre le lapin dans la casserole, couvrir et laisser mijoter 10 minutes. 🍏

Suggestion d'accompagnement
Nouilles aux œufs et haricots verts

Lisette Girard
Cercle Saint-Raymond, **Fédération 24**

Tourtière au chevreuil

Pour 6 personnes
Temps de préparation : 20 minutes
Temps de cuisson : 20 minutes

Ingrédients

2 abaisses de tarte (du commerce)

250 ml (1 tasse) de carottes, pelées et coupées en rondelles

60 ml (1/4 tasse) de concentré de bœuf

125 ml (1/2 tasse) de millet

5 ml (1 c. à thé) d'huile d'olive

675 g (1 1/2 lb) de viande hachée de chevreuil

1 oignon, haché finement

2 gousses d'ail, hachées (Suite) ➤

125 ml (1/2 tasse) de vin rouge

5 ml (1 c. à thé) de thym séché

5 ml (1 c. à thé) de sarriette séchée

60 ml (1/4 tasse) de lait

Sel et poivre

1 jaune d'œuf

Préchauffer le four à 190 °C (375 °F).

Dans une casserole, faire cuire les carottes. Récupérer l'eau de cuisson et diluer le concentré de bœuf. Ajouter le millet. Réserver.

Dans une poêle, chauffer l'huile d'olive et faire revenir la viande, l'oignon et l'ail. Ajouter le vin rouge et laisser mijoter 3 minutes. Saler et poivrer.

Placer tous les ingrédients dans un robot culinaire et pulser légèrement. Ajouter le thym et la sarriette. Pulser à nouveau pour bien mélanger. Ajouter le lait si le mélange semble trop sec.

Déposer une abaisse dans une assiette à tarte et verser le mélange. Couvrir de la seconde abaisse. À l'aide d'un pinceau à pâtisserie, enduire la pâte de jaune d'œuf.

Cuire au four jusqu'à ce que la croûte soit dorée. 🍏

Suggestion d'accompagnement
Casserole de tomates et courgettes aux herbes (recette en page 121)

Carole Maheux
Cercle Aston-Jonction, **Fédération 07**

Suprêmes de canard glacés au gingembre

Pour 4 personnes

Temps de préparation : 20 minutes

Temps de cuisson : 20 minutes

Ingrédients

2 suprêmes de canard

60 ml (1/4 tasse) de sauce soya

60 ml (1/4 tasse) de sirop d'érable

15 ml (1 c. à soupe) de gingembre frais, râpé

15 ml (1 c. à soupe) de beurre

Épices à frotter

5 ml (1 c. à thé) de coriandre moulue

5 ml (1 c. à thé) de romarin, ciselé

5 ml (1 c. à thé) de sel

5 ml (1 c. à thé) de piments, broyés

15 ml (1 c. à soupe) de sucre

Dans un bol, mélanger la sauce soya, le sirop d'érable et le gingembre. Réserver.

Enrober les suprêmes de canard du mélange d'épices.

Préchauffer le four à 220 °C (425 °F).

Dans une poêle, chauffer le beurre et faire dorer les suprêmes 2 minutes de chaque côté. Retirer et placer dans un plat allant au four. Verser le mélange soya-érable et gingembre sur les poitrines. Enfourner et cuire 15 minutes.

Sortir les suprêmes du four et les tailler en tranches de 2,5 cm (1 po).

Au service, verser le jus de cuisson sur les tranches de canard.

Suggestion d'accompagnement

Purée de céleri-rave
(recette en page 127)

Fédération 08

Suprêmes de faisans aux poires

Pour 4 personnes
Temps de préparation : 20 minutes
Temps de cuisson : 30 minutes

Ingrédients

*Les suprêmes de 2 faisans
d'environ 1,5 kg (3 lb)*

30 ml (2 c. à soupe) d'huile de canola

5 ml (1 c. à thé) de poudre d'oignon

5 ml (1 c. à thé) de vanille

*2 poires, cuites au micro-onde
et réduites en purée*

80 ml (1/3 tasse) de cassonade

1 gousse d'ail, hachée

15 ml (1 c. à soupe) de farine

250 ml (1 tasse) de bouillon de volaille

125 ml (1/2 tasse) de vin blanc

Sel et poivre

15 ml (1 c. à soupe) de beurre

2 poires, tranchées

Préchauffer le four à 175 °C (350 °F).

Enduire les suprêmes d'huile de canola. Saupoudrer de poudre d'oignon. Saler et poivrer.

Déposer dans une lèchefrite beurrée et cuire au four 15 minutes.

Dans un bol, mélanger la vanille, la purée d'une poire, la cassonade et l'ail. Badigeonner les suprêmes de faisans de ce mélange

et poursuivre la cuisson 15 minutes. Arroser du jus de cuisson régulièrement. Retirer les suprêmes de faisans de la lèchefrite et déposer dans un plat. Couvrir d'une feuille d'aluminium et laisser reposer 5 minutes.

Verser le jus de cuisson dans une poêle. Saupoudrer de farine et faire cuire 2 minutes en remuant constamment. Ajouter la purée d'une poire, le bouillon de volaille et le vin blanc. Laisser mijoter jusqu'à épaississement. Filtrer la sauce et réserver au chaud.

Dans une autre poêle, chauffer le beurre et faire dorer les tranches de poires. Découper les suprêmes de faisan en tranches d'égale épaisseur et les déposer sur une assiette de service avec les tranches de poires tout autour. Servir la sauce dans une saucière.

Suggestion d'accompagnement

Riz sauvage, haricots verts ou pois mange-tout

Madeleine Bédard

*Cercle Lac-Mégantic, **Fédération 05***

Conserver les cuisses que vous pourrez ensuite confire dans le gras de canard ou cuire sur le barbecue comme les cuisses de poulet.

Venaison Stroganoff

Pour 4 personnes
Temps de préparation : *20 minutes*
Temps de cuisson : *20 minutes*

Ingrédients

450 g (1 lb) de steaks de chevreuil
   ou d'orignal, coupés en lanières
30 ml (2 c. à soupe) de farine
5 ml (1 c. à thé) de sel
30 ml (2 c. à soupe) de beurre
450 g (16 oz) de champignons
250 ml (1 tasse) d'oignon, haché
2 gousses d'ail, hachées
60 ml (1/4 tasse) de farine
375 ml (1 1/2 tasse) de bouillon de bœuf
45 ml (3 c. à soupe) de sherry
30 ml (2 c. à soupe) de pâte de tomate
250 ml (1 tasse) de crème sure
Sel et poivre

Dans un bol, mélanger la farine et le sel. Enfariner les lanières de viande.

Dans une poêle, chauffer le beurre et faire revenir la viande à feu moyen pour colorer. Retirer du feu et réserver.

Ajouter, les champignons, l'oignon et l'ail et cuire 5 minutes. Saupoudrer de farine et mélanger. Ajouter le bouillon de bœuf, le sherry et la pâte de tomate et laisser mijoter 3 minutes. Saler et poivrer.

Ajouter la crème sure et les lanières de viande et réchauffer sans faire bouillir. 🍃

Suggestion d'accompagnement
Nouilles aux oeufs

Fédération 07

Accompagnements

Coucous aux tomates séchées

Pour 4 personnes

Temps de préparation : 5 minutes

Temps de cuisson : 5 minutes

Ingrédients

250 ml (1 tasse) de couscous

250 ml (1 tasse) de bouillon de volaille

30 ml (2 c. à soupe) de tomates séchées, hachées

1 échalote verte, hachée

15 ml (1 c. à soupe) d'huile d'olive

Persil séché

Sel et poivre

Dans une casserole, amener le bouillon de volaille à ébullition. Ajouter les tomates séchées et l'échalote. Fermer le feu et ajouter le couscous, l'huile d'olive et le persil. Saler et poivrer. Laisser le couscous gonfler 5 minutes avant de servir.

Fédération 24

Le **couscous** est une excellente source de protéines, de minéraux et de fibres. Vous pouvez rehausser les saveurs en ajoutant des fines herbes. Vous pouvez aussi y ajouter les légumes de votre choix, coupés en petits dés. Si vous souhaitez lui donner une touche marocaine, ajoutez du piment chili broyé et des raisins secs réhydratés.

Risotto aux petits pois et à l'échalote

Pour 4 personnes

Temps de préparation : 15 minutes

Temps de cuisson : 20 minutes

Ingrédients

15 ml (1 c. à soupe) de beurre

1 échalote française, hachée

250 ml (1 tasse) de riz arborio

60 ml (1/4 tasse) de vin blanc

500 ml (2 tasses) de bouillon de volaille

15 ml (1 c. à soupe) de citron

15 ml (1 c. à soupe) de crème 15 %

30 ml (2 c. à soupe) de parmesan

30 ml (2 c. à soupe) de pois verts, congelés

1 échalote verte, hachée

Sel et poivre

Dans une casserole, chauffer le beurre à feu moyen et faire revenir l'échalote sans la faire dorer. Ajouter le riz et mélanger pour bien l'enrober de beurre. Ajouter le vin blanc et remuer jusqu'à évaporation du vin. Ajouter le bouillon de volaille et laisser mijoter 20 minutes en remuant à l'occasion. Vérifier la cuisson du riz. Il doit être encore légèrement croquant.

Si vous désirez poursuivre la cuisson, ajouter 60 ml (1/4 tasse) d'eau chaude. Ajouter le jus de citron, la crème et le parmesan. Saler et poivrer.

Au moment de servir, ajouter les pois et l'échalote verte. Mélanger. 🌿

Fédération 18

À l'origine, le risotto était réservé à l'alimentation paysanne en Italie. Aujourd'hui, il figure sur la carte de plusieurs grands restaurants.
Sa préparation de base demeure toujours la même, mais vous pouvez y ajouter divers aliments selon votre goût.

Voici quelques suggestions d'ajout en fin de cuisson : des jeunes feuilles d'épinard, du safran, des pointes d'asperges, des demi-tomates cerises ou des champignons sauvages.

Le risotto est souvent servi en plat principal avec des fruits de mer comme des crevettes, des moules ou du homard.

Orge perlé aux légumes

Pour 4 personnes
Temps de préparation : 5 minutes
Temps de cuisson : 15 minutes

Ingrédients

15 ml (1 c. à soupe) d'huile d'olive
1 gousse d'ail, hachée finement
30 ml (2 c. à soupe) d'oignon, coupé en petits dés
30 ml (2 c. à soupe) de céleri, coupé en petits dés
30 ml (2 c. à soupe) de carotte, coupée en petits dés
30 ml (2 c. à soupe) de poivron, coupé en petits dés
250 ml (1 tasse) d'orge perlé
250 ml (1 tasse) de bouillon de volaille
1 échalote verte, hachée
Persil séché
Sel et poivre

Dans une casserole, chauffer l'huile et faire revenir l'ail, l'oignon, le céleri, la carotte et le poivron 1 minute. Ajouter l'orge et remuer. Ajouter le bouillon de volaille et laisser mijoter 15 minutes. Ajouter l'échalote et le persil. Saler et poivrer. 🌿

Fédération 06

L'orge fait partie de l'alimentation des humains depuis des milliers d'années. Au Canada, c'est la troisième céréale en importance. L'orge est souvent utilisée dans les soupes et les ragoûts, mais elle remplace aussi agréablement le riz en accompagnement d'un poisson ou d'une viande.

Quinoa
aux amandes et aux abricots séchés

Pour 4 personnes

Temps de préparation : 5 minutes

Temps de cuisson : 15 minutes

Ingrédients

250 ml (1 tasse) de quinoa

250 ml (1 tasse) de bouillon de volaille

30 ml (2 c. à soupe) d'abricots séchés, coupés en petits dés

15 ml (1 c. à soupe) de gingembre, râpé

15 ml (1 c. à soupe) de sauce soya

30 ml (2 c. à soupe) d'amandes tranchées

1 échalote verte, hachée

Poivre

Dans une casserole, amener à ébullition le bouillon de volaille. Ajouter le quinoa et laisser mijoter 15 minutes. Retirer du feu et ajouter les abricots, le gingembre et la sauce soya. Poivrer.

Au service, garnir d'amandes et d'échalote.

Fédération 13

*Traité comme une céréale, le **quinoa** est en réalité le fruit d'une plante appartenant à une tout autre famille qui comprend la betterave et l'épinard. Les grains peuvent être germés et on les utilise comme les germes de luzerne.*

On le cuit comme le gruau et on l'incorpore à divers aliments, en particulier aux potages et aux tourtières. Agrémenté de divers aliments, il est délicieux en salade d'été ou pour accompagner des grillades.

Riz brun
aux amandes et au persil

Pour 4 personnes

Temps de préparation : 15 minutes

Temps de cuisson : 40 minutes

Ingrédients

250 ml (1 tasse) de riz brun long grain

500 ml (2 tasses) de bouillon de volaille

45 ml (3 c. à soupe) de beurre

1 oignon, haché

2 branches de céleri, hachées

2 gousses d'ail, hachées

2 ml (1/2 c. à thé) de sel

1 ml (1/4 c. à thé) de poivre

125 ml (1/2 tasse) de persil, haché

80 ml (1/3 tasse) d'amandes tranchées, légèrement grillées

Dans une casserole, cuire le riz dans le bouillon de volaille environ 30 minutes ou jusqu'à ce que le riz soit tendre. Retirer le riz de la casserole et placer dans un bol. Couvrir et laisser reposer 10 minutes.

Entretemps, dans une poêle, chauffer le beurre et faire revenir l'oignon, le céleri, l'ail, le sel et le poivre 10 minutes.

Au moment de servir, ajouter les légumes et le persil dans le riz. Mélanger.

Garnir d'amandes tranchées. 🌿

Fédération 18

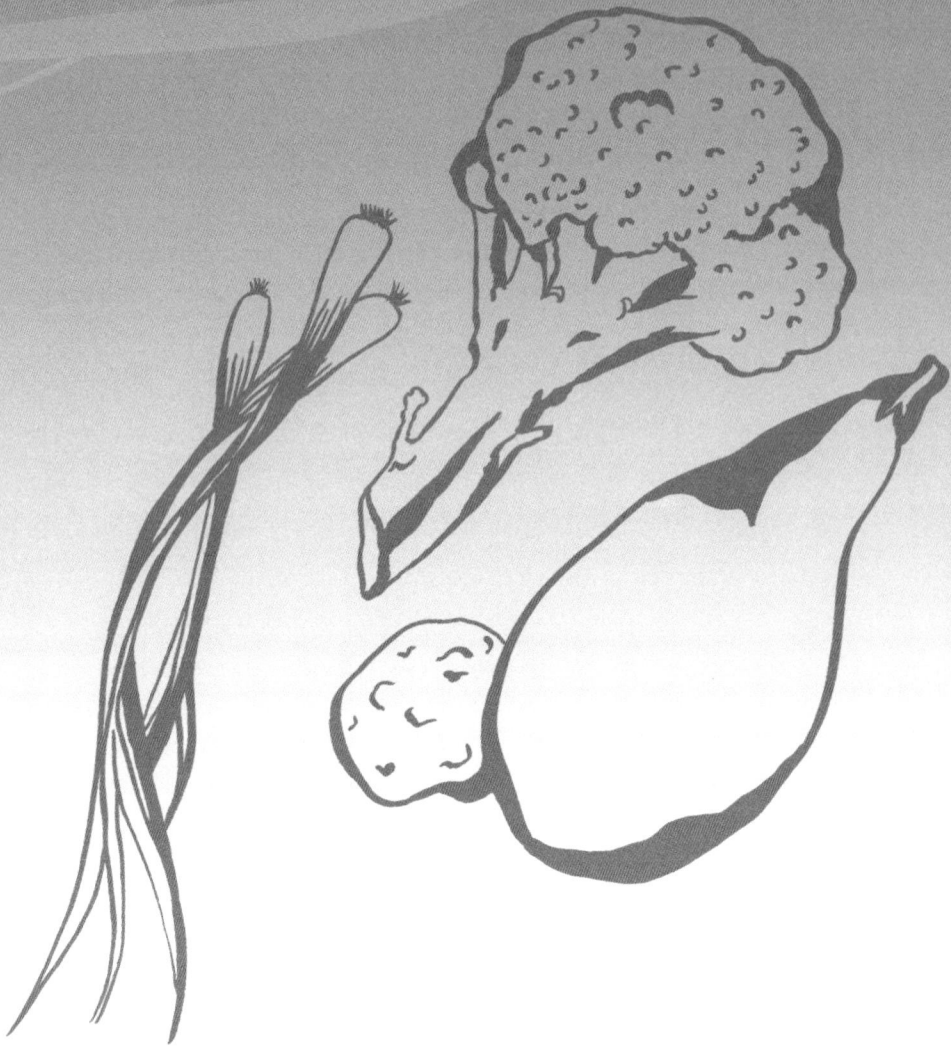

Légumes

Aubergines au parmesan

Pour 4 personnes

Temps de préparation : 10 minutes

Temps de cuisson : 15 minutes

Ingrédients

2 aubergines, taillées en tranches de 1,25 cm (1/2 po) dans le sens de la longueur

30 ml (2 c. à soupe) d'huile d'olive

30 ml (2 c. à soupe) de vinaigre balsamique

15 ml (1 c. à soupe) de basilic, séché

60 ml (1/4 tasse) de parmesan

Sel et poivre

Préchauffer le four à 175 °C (350 °F).

À l'aide d'un pinceau à pâtisserie, badigeonner une lèchefrite d'un peu d'huile d'olive. Déposer les tranches d'aubergines côte à côte. Arroser de vinaigre balsamique. Saler et poivrer. Saupoudrer de basilic et de parmesan.

Cuire au four 15 minutes ou jusqu'à ce que le parmesan soit bien doré. 🌿

Fédération 15

Bok choy, sauce au citron et soya

Pour 4 personnes

Temps de préparation : 10 minutes

Temps de cuisson : 5 minutes

Ingrédients

8 bok choy de taille moyenne, coupés en deux

30 ml (2 c. à soupe) d'huile d'olive

5 ml (1 c. à thé) de gingembre frais, râpé

30 ml (2 c. à soupe) de jus de citron

5 ml (1 c. à thé) de sauce soya

45 ml (3 c. à soupe) de bouillon de volaille

Poivre

Dans une poêle ou un wok, chauffer l'huile d'olive. Déposer les bok choy sur la face tranchée et faire revenir les bok choy 2 minutes. Les retourner et poursuivre la cuisson 2 minutes. Ajouter le gingembre, le jus de citron, la sauce soya et le bouillon de volaille. Couvrir et poursuivre la cuisson 1 minute. Poivrer. 🌿

Fédération 01

*Le **bok choy** (ou Pak-choi) est un légume à découvrir. Ce chou chinois possède des tiges blanches et des feuilles vertes qui ont un goût de chou moins prononcé que le chou pommé*

bien connu. Les bébés bok choy ont un goût encore plus délicat et ont l'avantage de pouvoir être cuisinés entiers, le temps de préparation s'en trouvant réduit.

On peut utiliser le mode de cuisson à la vapeur, le cuire dans l'eau bouillante salée ou le sauter au wok. Ce crucifère cuit en quelques minutes (les feuilles encore plus rapidement que les tiges) et il faut éviter de prolonger la cuisson pour ne pas perdre la texture croquante.

Le bok choy se sert également en salade, arrosé de vinaigrette à l'orientale et accompagne très bien le poulet ou le saumon, servis chaud ou froid.

Casserole de tomates et de courgettes aux herbes

Pour 4 personnes
Temps de préparation : *10 minutes*
Temps de cuisson : *15 minutes*

Ingrédients

15 ml (1 c. à soupe) de beurre
30 ml (2 c. à soupe) d'huile d'olive
1 oignon rouge, tranché
2 tomates, tranchées
2 petites courgettes, tranchées
60 ml (1/4 tasse) de bouillon de volaille
15 ml (1 c. à soupe) de basilic, ciselé
15 ml (1 c. à soupe) de marjolaine
Sel et poivre

Préchauffer le four à 175 °C (350 °F).

Graisser un plat profond allant au four avec du beurre et ajouter un filet d'huile.

Dans une casserole, chauffer l'huile à feu moyen. Ajouter l'oignon et faire revenir 5 minutes ou jusqu'à ce qu'il commence à dorer.

Étendre l'oignon au fond du plat allant au four. Saler et poivrer.

Déposer les tranches de tomates et de courgettes en alternance. Verser le bouillon de volaille sur les légumes et saupoudrer de basilic et de marjolaine.

Cuire au four 15 minutes.

Fédération 11

Épinards à la crème

Pour 4 personnes

Temps de préparation : 5 minutes
Temps de cuisson : 3 minutes

Ingrédients

15 ml (1 c. à soupe) de beurre

1 échalote française, hachée

1 paquet de 284 ml (10 oz) d'épinards, lavés et hachés

125 ml (1/2 tasse) de crème 35 %

125 ml (1/2 tasse) de parmesan, râpé

1 pincée de muscade

Sel et poivre

Dans une poêle, chauffer le beurre et faire revenir l'échalote française 1 minute. Ajouter les épinards et faire cuire 2 minutes. Ajouter la crème, le parmesan et la muscade. Mélanger. Saler et poivrer. 🌱

Fédération 08

Lavez les épinards au moment de les utiliser seulement, car les épinards mouillés fermentent rapidement. Généralement, l'eau qui reste dans les feuilles lavées est suffisante pour cuire les épinards.

Crues, les jeunes feuilles d'épinards sont excellentes dans les salades. En Italie, elles sont souvent ajoutées dans un bouillon de volaille avec un œuf et du parmesan râpé pour en faire une stracciatella.

Chou-fleur au cari

Pour 6 personnes

Temps de préparation : 5 minutes
Temps de cuisson : 15 minutes

Ingrédients

1 chou-fleur, coupé en petits fleurons

45 ml (3 c. à soupe) d'huile d'olive

1 oignon rouge, tranché

30 ml (2 c. à soupe) de cari

Sel et poivre

Préchauffer le four à 175 °C (350 °F).

Dans un grand bol, déposer tous les ingrédients et mélanger pour enrober les fleurons d'huile et de cari.

Déposer dans un plat allant au four. Saler et poivrer.

Couvrir d'une feuille d'aluminium et cuire 15 minutes. 🌱

Fédération 20

Vous pouvez cuire les fleurons enrobés d'huile et de cari au barbecue en papillote dans deux épaisseurs de feuille d'aluminium.

Courgettes au parmesan

Pour 4 personnes

Temps de préparation : *10 minutes*

Temps de cuisson : *15 minutes*

Ingrédients

15 ml (1 c. à soupe) de beurre

30 ml (2 c. à soupe) d'huile d'olive

1 échalote française, hachée

1 gousse d'ail, hachée

2 courgettes, tranchées en rondelles de 1,25 cm (1/2 po)

125 ml (1/2 tasse) de bouillon de volaille

15 ml (1 c. à soupe) d'origan frais, haché

15 ml (1 c. à soupe) de persil, ciselé

30 ml (2 c. à soupe) de fromage parmesan, râpé finement

Sel et poivre

Dans une casserole, chauffer le beurre et l'huile à feu moyen. Ajouter l'échalote et l'ail et faire revenir 5 minutes ou jusqu'à ce qu'ils commencent à dorer.

Ajouter les courgettes et les faire revenir en remuant environ 5 minutes ou jusqu'à coloration. Ajouter le bouillon de volaille et l'origan. Saler et poivrer.

Laisser mijoter doucement 5 minutes.

Au service, parsemer de fromage parmesan et garnir de persil. 🌿

Fédération 17

Topinambours au gratin

Pour 4 personnes

Temps de préparation : *10 minutes*

Temps de cuisson : *20 minutes*

Ingrédients

450 g (1 lb) de topinambours, brossés

250 ml (1 tasse) de bouillon de volaille

15 ml (1 c. à soupe) de beurre

250 ml (1 tasse) de crème 35 %

125 ml (1/2 tasse) de fromage cheddar, râpé

Sel et poivre

Préchauffer le four à 175 °C (350 °F).

Dans une casserole, cuire les topinambours dans le bouillon de volaille 10 minutes. Égoutter et trancher.

Dans un plat allant au four, déposer les topinambours tranchés. Saler et poivrer. Parsemer de noisettes de beurre. Verser la crème 35 %. Recouvrir de fromage râpé.

Cuire au four 10 minutes ou jusqu'à ce que le fromage soit doré. 🌿

Fédération 04

D'aspect revêche, ce tubercule à la chair jaunâtre et croquante a pourtant une saveur délicate et agréable. Sa mince peau est comestible. Les topinambours sont difficiles à éplucher. Si vous souhaitez ôter la pelure, procédez après la cuisson en grattant délicatement.

Pommes de terre ratte à l'ail et au persil

Pour 4 personnes

Temps de préparation : 5 minutes

Temps de cuisson : 15 minutes

Ingrédients

12 pommes de terre ratte*, lavées, entières avec la pelure

1 gousse d'ail, hachée

15 ml (1 c. à soupe) de persil frais, haché

30 ml (2 c. à soupe) d'huile d'olive

30 ml (2 c. à soupe) de crème sure ou de crème 35 %

Sel et poivre

Dans une casserole, cuire les pommes de terre. Lorsqu'elles sont cuites, retirer l'eau et écraser à la fourchette. Ajouter l'ail et le persil. Continuer à écraser les pommes de terre sans faire de la purée.

Ajouter l'huile d'olive et la crème sure ou la crème 35 % et mélanger. Saler et poivrer.

Fédération 13

La **Ratte** est une variété traditionnelle française de la pomme de terre. Elle est petite, de forme allongée et présente une chair ferme, très fine et un goût savoureux aux notes de noisettes.

On peut également en faire des frites cuites au four. Couper chaque pomme de terre en deux dans le sens de la longueur et les déposer dans un sac de plastique dans lequel vous aurez mis de l'huile d'olive, du sel et du poivre. Sceller le sac et remuer pour bien enduire les demi-pommes de terre. Déposer sur une plaque à biscuits et cuire à 190 °C (375 °F) environ 20 minutes.

* Il existe une variété de pommes de terre à chair jaune, assez semblable à la ratte par sa taille et son aspect, et qu'on appelle « fingerling ». Elle commence à être assez facilement disponible dans nos marchés. Son goût plus subtil vaut les quelques sous supplémentaires à l'achat.

Gratin aux deux pommes

Pour 4 personnes

Temps de préparation : 15 minutes

Temps de cuisson : 40 minutes

Ingrédients

3 pommes de terre, pelées et tranchées

1 patate douce, pelée et tranchée

125 ml (1/2 tasse) de bouillon de volaille

250 ml (1 tasse) de crème 35 %

1 gousse d'ail, coupée en deux

2 tiges de thym frais ou 5 ml (1 c. à thé) de thym séché

125 ml (1/2 tasse) de fromage, râpé

Sel et poivre

Préchauffer le four à 175 °C (350 °F).

Dans une casserole, chauffer le bouillon de volaille avec la crème. Ajouter l'ail et le thym et laisser mijoter doucement 10 minutes. Filtrer pour retirer l'ail et les tiges de thym.

Dans une autre casserole, faire blanchir les tranches de pommes de terre. Égoutter.

Dans un plat allant au four, déposer en alternance les tranches de pommes de terre et de patate douce. Saler et poivrer à chaque couche. Verser le mélange de crème pour couvrir le tout et parsemer de fromage râpé.

Cuire au four 30 minutes.

Fédération 13

*La petite histoire de la **patate***

*Le terme « **patate** » est apparu dans notre langue en 1599. Il dérive de l'espagnol batata, qui l'a emprunté à l'une des nombreuses langues parlées par les Arawaks, des indigènes de la région centrale des Amériques. Ces derniers peuplaient les Antilles au moment de la Conquête et ils étaient, bien sûr, consommateurs de patate douce.*

*On prend généralement la peine d'ajouter l'adjectif « **douce** » ou « **sucrée** » pour ne pas la confondre avec la pomme de terre qui, sous l'influence de l'anglais, est souvent appelée « **patate** ».*

La patate douce se sert également en frites. Tailler la patate en bâtonnets d'environ 1 cm (1/2 po) d'épaisseur et les déposer sur une plaque à biscuits. Arroser d'huile d'olive, parsemer de sel et cuire au four 30 minutes.

Tomates farcies au riz parfumé

Pour 4 personnes
Temps de préparation : 10 minutes
Temps de cuisson : 20 minutes

Ingrédients

2 grosses tomates, coupées en deux

15 ml (1 c. à soupe) d'huile d'olive

2 tranches de bacon, coupées en languettes

1 échalote française, hachée

45 ml (3 c. à soupe) de poivron rouge, coupé en dés

80 ml (1/3 tasse) de riz basmati, cuit

15 ml (1 c. à soupe) de basilic, ciselé

60 ml (1/4 tasse) de fromage parmesan, râpé

Sel et poivre

Préchauffer le four à 175 °C (350 °F).

Vider la chair des tomates et réserver.

Dans une poêle, chauffer l'huile d'olive et faire revenir les languettes de bacon, l'échalote française et les dés de poivron 3 minutes.

Ajouter la chair de tomates, le riz cuit et le basilic et mélanger. Saler et poivrer.

Huiler le fond d'un plat allant au four.

Déposer les demi-tomates dans le plat. Les farcir du mélange et parsemer de fromage parmesan.

Cuire au four 20 minutes. 🌿

Fédération 24

Vous pouvez remplacer le riz cuit par des croûtons et le basilic par 15 ml (1 c. à soupe) d'herbes de Provence et 5 ml (1 c. à thé) d'ail séché.

Poivrons grillés, huile et balsamique

Pour 6 personnes
Temps de préparation : 5 minutes
Temps de cuisson : 15 minutes

Ingrédients

3 poivrons rouges, taillés en deux et épépinés

1 gousse d'ail, hachée

45 ml (3 c. à soupe) d'huile d'olive

15 ml (1 c. à soupe) de vinaigre balsamique

Sel et poivre

Préchauffer le four à « broil ».

Déposer les demi-poivrons sur une lèche-frite de manière à exposer leur peau à la chaleur du gril. Griller jusqu'à ce que la peau des poivrons noircisse. Retirer du four et recouvrir d'une feuille d'aluminium. Laisser reposer 10 minutes.

Entretemps, dans un bol, mélanger l'huile d'olive, le vinaigre balsamique, l'ail, le sel et le poivre.

Retirer la peau des poivrons et les tailler en lanières.

Déposer dans un plat de service et verser la vinaigrette. Ajuster l'assaisonnement.

Servir à température ambiante. 🌿

Fédération 02

Vous pouvez doubler la recette et servir en salade d'accompagnement ou avec du bœuf grillé au barbecue. Se conserve 3 jours au réfrigérateur. Sortir une heure avant le service ou réchauffer quelques secondes au micro-onde.

Choux de Bruxelles sautés

Pour 4 personnes
Temps de préparation : 10 minutes
Temps de cuisson : 15 minutes

Ingrédients

450 g (1 lb) de choux de Bruxelles

15 ml (1 c. à soupe) de beurre

30 ml (2 c. à soupe) d'huile de canola

(Suite) ➤

2 tranches de bacon, taillées en lamelles

1 échalote française, hachée

1 gousse d'ail, hachée

125 ml (1/2 tasse) de bouillon de volaille

30 ml (2 c. à soupe) d'amandes effilées

15 ml (1 c. à soupe) de persil, ciselé

Sel et poivre

Couper le pied des choux de Bruxelles et retirer les feuilles défraîchies de l'extérieur. Couper les choux en deux parties.

Dans une casserole, chauffer le beurre et l'huile à feu moyen. Ajouter le bacon, l'échalote et l'ail et faire revenir 2 minutes ou jusqu'à ce qu'ils commencent à dorer.

Ajouter les choux de Bruxelles et les faire revenir en remuant environ 4 minutes ou jusqu'à coloration. Ajouter le bouillon de volaille. Saler et poivrer.

Laisser mijoter doucement 5 minutes.

Au service, garnir d'amandes effilées et de persil. 🌿

Fédération 22

Le **chou de Bruxelles** est une excellente source de vitamine C. Il faut éviter une cuisson prolongée qui le rendra pâteux et amer.

Purée de céleri-rave

Pour 4 personnes

Temps de préparation : 5 minutes

Temps de cuisson : 15 minutes

Ingrédients

1 céleri-rave, épluché et taillé en morceaux

1 carotte, pelée et coupée en fines rondelles

1 pomme de terre, pelée et coupée en dés

1 oignon, pelé et tranché

60 ml (1/4 tasse) de lait

5 ml (1 c. à thé) de gingembre

1 ml (1/4 c. à thé) de sel

1 ml (1/4 c. à thé) de poivre

15 ml (1 c. à soupe) de beurre

Dans une casserole, couvrir le céleri-rave, la carotte, l'oignon et la pomme de terre d'eau salée. Cuire à feu doux 10 minutes.

Entretemps, dans une autre casserole, chauffer le lait, le sel, le poivre et le gingembre à feu doux sans faire bouillir.

Lorsque les légumes sont cuits, les égoutter et les verser dans un robot culinaire.

Ajouter le mélange de lait assaisonné et pulser pour obtenir une consistance onctueuse. Ajouter le beurre et pulser à nouveau. 🌿

Gisèle Gaudreau
Cercle Saint-Edmond, *Fédération 08*

Le **céleri-rave** frais se conserve environ une semaine au réfrigérateur. Placez le bulbe dans un sac de plastique tout en laissant une quantité d'air et nouez, car il se déshydrate rapidement.

À défaut de **céleri-rave**, utilisez du **rutabaga**.

Navets et panais au sirop d'érable

Pour 4 personnes
Temps de préparation : 10 minutes
Temps de cuisson : 15 minutes

Ingrédients

15 ml (1 c. à soupe) d'huile d'olive

3 panais, brossés et découpés
en morceaux de 1,25 cm (1/2 po)
d'épaisseur

1 navet, pelé et découpé en tranches
de 1,25 cm (1/2 po) d'épaisseur

250 ml (1 tasse) de bouillon de volaille

125 ml (1/2 tasse) de sirop d'érable

30 ml (2 c. à soupe) de vinaigre
de vin rouge

30 ml (2 c. à soupe) de beurre non salé

15 ml (1 c. à soupe) de romarin frais

Sel et poivre

Dans une casserole, chauffer l'huile à feu moyen. Ajouter le panais et le navet et faire revenir 2 minutes sur chaque face ou jusqu'à ce que les légumes commencent à dorer.

Ajouter le bouillon, le sirop d'érable et le vinaigre. Saler et poivrer. Porter à ébullition, puis réduire le feu et laisser mijoter environ 10 minutes. Retirer les légumes et réserver. Augmenter l'intensité du feu pour faire réduire le liquide.

Retirer la poêle du feu et ajouter le beurre. Ajuster l'assaisonnement. Verser sur les légumes et garnir de romarin.

Fédération 05

La chair fruitée du panais dégage un arôme de noisette. Elle devient plus sucrée si le panais subit un peu de gel lorsqu'il est encore en terre, car le froid transforme son amidon en sucre. La chair du panais noircit au contact de l'air. Pour éviter cette oxydation, cuire le panais dès qu'on le coupe ou le mettre à tremper dans une eau acidulée (15 ml (1 c. à soupe) de jus de citron par litre d'eau). Il peut s'avérer nécessaire de retirer le cœur d'un panais vieux ou volumineux, car il est souvent dur, fibreux et sans saveur.

Légumes racines braisés au four

Pour 4 personnes
Temps de préparation : 10 minutes
Temps de cuisson : 30 minutes

Ingrédients

45 ml (3 c. à soupe) d'huile d'olive

3 panais, brossés et coupés en deux
dans le sens de la longueur

3 carottes, brossées et coupées en deux
dans le sens de la longueur

1 rutabaga, épluché et taillé
en bâtonnets de 2,5 cm (1 po) de côté

(Suite) ➤

1 oignon rouge, pelé et coupé
   en tranches épaisses

15 ml (1 c. à soupe) d'origan séché

15 ml (1 c. à soupe) de basilic séché

5 ml (1 c. à thé) de thym séché

5 ml (1 c. à thé) de romarin séché

2 gousses d'ail, coupées en deux

Sel et poivre

Préchauffer le four à 175 °C (350 °F).

Déposer les légumes dans une grande lè-chefrite. Bien les enrober d'huile d'olive. Ajouter l'ail et parsemer des herbes. Saler et poivrer.

Cuire au four 15 minutes. Les remuer et poursuivre la cuisson 15 minutes ou jusqu'à ce qu'ils soient tendres. 🌿

Fédération 18

Si les carottes et les panais ne sont pas en saison, il sera sans doute nécessaire de les peler.

Poêlée de champignons

Pour 4 personnes

Temps de préparation : 10 minutes

Temps de cuisson : 10 minutes

Ingrédients

45 ml (3 c. à soupe) de beurre

15 ml (1 c. à soupe) d'huile de canola

(Suite) ➤

1 échalote française, hachée

1 gousse d'ail, hachée

225 g (8 oz) de champignons de Paris,
   brossés et tranchés

225 g (8 oz) de pleurotes, tranchés

225 g (8 oz) de shiitake,
   brossés et tranchés

5 ml (1 c. à thé) de thym séché

Sel et poivre

Dans une poêle, chauffer le beurre et l'huile et faire revenir l'échalote française et l'ail sans les colorer. Ajouter les champignons et faire revenir environ 5 minutes sans remuer. Ajouter le thym et poursuivre la cuisson 5 minutes ou jusqu'à ce que l'eau de végétation se soit évaporé. Saler et poivrer. 🌿

Fédération 08

Évitez de remuer les champignons jusqu'à ce qu'ils aient rendu leur eau.

Si vous souhaitez ajouter des champignons sauvages, vous pouvez les ajouter 2 minutes avant la fin de cuisson. S'ils ont été séchés, les réhydrater dans une eau tiède, la filtrer et l'utiliser pour allonger une sauce aux champignons ou dans un potage.

Œufs

Croquettes d'œufs au jambon

Pour 4 personnes

Temps de préparation : 15 minutes

Temps de cuisson : 15 minutes

Ingrédients

15 ml (1 c. à soupe) de beurre

15 ml (1 c. à soupe) d'huile de canola

120 g (4 oz) de jambon, haché

15 ml (1 c. à soupe) de sauge

4 œufs, cuits dur, hachés

45 ml (3 c. à soupe) de farine

1 œuf, battu

125 ml (1/2 tasse) de chapelure

Béchamel

30 ml (2 c. à soupe) de beurre

30 ml (2 c. à soupe) de farine

250 ml (1 tasse) de lait

Sel et poivre

Préparation de la béchamel : dans une casserole, faire fondre le beurre sur feu doux. Ajouter la farine et remuer pour incorporer tout le beurre. Cuire 2 minutes. Ajouter le lait lentement en remuant constamment. Cuire à feu doux environ 10 minutes jusqu'à ce que la béchamel épaississe.

Ajouter le jambon, la sauge et les œufs cuits dur hachés à la béchamel. Saler et poivrer. Laisser refroidir.

Diviser cette préparation en galettes de 1,25 cm (1/2 po) d'épaisseur. Enduire de farine. Passer dans l'œuf battu et couvrir de chapelure.

Dans une poêle, chauffer le beurre et l'huile et dorer les galettes 2 minutes de chaque côté.

Suggestion d'accompagnement

Légumes et fromage de chèvre, vinaigrette légèrement à l'ail

Fédération 23

Œufs brouillés au fromage de chèvre

Pour 4 personnes

Temps de préparation : 15 minutes

Temps de cuisson : 5 minutes

Ingrédients

8 oeufs

125 ml (1/2 tasse) de crème 35 %

30 ml (2 c. à soupe) de thym

45 ml (3 c. à soupe) de beurre

250 ml (1 tasse) de fromage de chèvre, coupé en petits cubes

30 ml (2 c. à soupe) de persil

Ciboulette

Sel et poivre

Dans un grand bol, battre les œufs et la crème. Ajouter le thym. Saler et poivrer.

Dans une grande poêle antiadhésive, chauffer le beurre à feu doux. Ajouter le mélange d'œufs et de crème. À l'aide d'une spatule, remuer le mélange lorsqu'il commence à s'attacher au fond de la poêle. Poursuivre jusqu'à ce que le mélange ait une consistance moelleuse. Retirer du feu et ajouter les dés de chèvre. Servir aussitôt.

Garnir de persil et de brins de ciboulette.

Suggestion d'accompagnement
Pain grillé et asperges sauce mousseline (recette en page 26)

Fédération 12

Si vous préférez servir des asperges sans la sauce, ajoutez un filet de jus de citron et un filet d'une bonne huile d'olive.

Omelette espagnole

Pour 4 personnes
Temps de préparation : 15 minutes
Temps de cuisson : 10 minutes

Ingrédients

6 œufs
15 ml (1 c. à soupe) d'eau froide
15 ml (1 c. à soupe) de beurre

(Suite) ➤

30 ml (2 c. à soupe) d'huile d'olive
1 oignon, tranché en lamelles
1 poivron, tranché en lamelles
1 tomate, coupée en dés
1 gousse d'ail, hachée
2 gouttes de sauce Tabasco
30 ml (2 c. à soupe) de persil
Sel et poivre

Dans une grande poêle, chauffer l'huile d'olive à feu moyen. Faire revenir l'oignon, le poivron, les dés de tomate et l'ail 4 minutes. Ajouter la sauce Tabasco. Saler et poivrer. Réserver.

Dans un grand bol, battre les œufs et ajouter l'eau froide. Saler et poivrer.

Dans une poêle antiadhésive, chauffer le beurre à feu moyen. Lorsque le beurre est chaud, verser les œufs et cuire à feu doux jusqu'au degré de cuisson désiré.

Déposer les légumes sur une moitié de l'omelette et replier l'autre moitié sur les légumes.

Garnir de persil.

Suggestion d'accompagnement
Salade verte et olives noires

Fédération 19

L'omelette accueille bien toutes sortes de préparations. Vous pourriez la farcir ou l'accompagner d'une poêlée de champignons (recette en page 129), de courgettes au parmesan (recette en page 123) ou de poivrons grillés (recette en page 126).

Œufs pochés aux épinards

Pour 4 personnes
Temps de préparation : 15 minutes
Temps de cuisson : 10 minutes

Ingrédients

4 oeufs

5 ml (1 c. à thé) de vinaigre blanc

1 l (4 tasses) d'eau

15 ml (1 c. à soupe) de beurre

1 échalote française, hachée

225 g (8 oz) d'épinards, lavés, équeutés et essorés

15 ml (1 c. à soupe) de crème 35 %

5 ml (1 c. à thé) de muscade

4 tranches de fromage cheddar

Sel et poivre

2 muffins anglais, divisés en deux

Dans une poêle, chauffer le beurre et faire revenir l'échalote française 1 minute. Ajouter les épinards et faire revenir 1 minute en remuant. Ajouter la crème et la muscade. Mélanger. Saler et poivrer. Réserver.

Faire griller les muffins et déposer sur une plaque. Recouvrir chaque demi-muffin anglais d'une tranche de fromage. Répartir le mélange d'épinards et garder au chaud.

Dans une grande casserole, mettre 1,5 l (6 tasses) d'eau. Amener l'eau à légère ébullition et ajouter le vinaigre.

Dans une autre casserole, amener de l'eau salée au frémissement.

Un par un, casser délicatement les œufs dans une soucoupe. Faire glisser chaque œuf lentement dans la casserole d'eau vinaigrée. À l'aide d'une large cuillère trouée, rabattre le blanc sur le jaune pour bien l'envelopper et laisser frémir jusqu'à ce que le blanc commence à prendre. Avec la cuillère trouée, retirer les œufs de l'eau et les plonger dans la casserole d'eau salée frémissante quelques instants. Retirer les œufs et égoutter sur un linge propre.

Déposer un œuf sur chaque demi-muffin. Saler et poivrer.

Fédération 14

Si vous souhaitez pocher les œufs à l'avance, plongez-les dans un bol d'eau froide pour arrêter la cuisson au lieu de les plonger dans l'eau frémissante et placez le bol au réfrigérateur. Lorsque vous serez prête à servir, mettez les œufs dans une casserole d'eau salée frémissante et laissez cuire exactement 1 minute.

Quiche au saumon fumé et au brie

Pour 4 personnes
Temps de préparation : 15 minutes
Temps de cuisson : 30 minutes

Ingrédients

115 g (4 oz) de saumon fumé, coupé en languettes

90 g (3 oz) de fromage brie ou triple crème, coupé en dés   *(Suite)* ➤

250 ml (1 tasse) de crème de table 10 %

3 œufs

1 ml (1/4 c. à thé) de sel

1 ml (1/4 c. à thé) de piment de Cayenne

2 échalotes vertes, tranchées finement

1 croûte de tarte congelée
   pour un plat profond

Préchauffer le four à 175 °C (350 °F).

Cuire l'abaisse selon les indications sur l'emballage. Retirer du four et laisser tiédir.

Dans un bol, fouetter la crème, les œufs. Ajouter le sel et le piment de Cayenne.

Disposer le saumon et le fromage sur l'abaisse et verser le mélange de crème.

Cuire au centre du four 30 minutes. Laisser tiédir 5 minutes avant de servir. 🌱

Suggestion d'accompagnement
Tomates farcies au riz parfumé
(recette en page 125) et une salade verte

Fédération 21

Frittata aux pommes de terre et au poireau

Pour 4 personnes

Temps de préparation : 15 minutes

Temps de cuisson : 15 minutes

Ingrédients

3 pommes de terre, pelées et
   tranchées finement

250 ml (1 tasse) de bouillon de volaille

30 ml (2 c. à soupe) de beurre

15 ml (1 c. à soupe) d'huile d'olive

2 tranches de bacon, taillées en lamelles

1 poivron rouge, coupé en dés

1 poireau, tranché en rondelles minces

8 oeufs

125 ml (1/2 tasse) de crème 35 %

30 ml (2 c. à soupe) de persil
   ou de cerfeuil

250 ml (1 tasse) de fromage cheddar,
   râpé

Sel et poivre

Dans une casserole, faire cuire les tranches de pommes de terre dans le bouillon de volaille 5 minutes.

Dans un grand bol, battre les œufs et la crème. Ajouter le persil ou le cerfeuil. Saler et poivrer.

Dans une grande poêle, chauffer le beurre et l'huile et faire revenir le bacon et les dés de poivron 2 minutes. Ajouter les tranches de poireau et poursuivre la cuisson 5 minutes.

Égoutter les pommes de terre et les déposer dans une poêle allant au four. Recouvrir du mélange de bacon, de poivron et de poireau. Verser le mélange d'œufs et de crème.

Cuire à feu moyen de 6 à 8 minutes.

Préchauffer le four à « broil ».

Saupoudrer de fromage râpé et faire griller au four 5 minutes. 🌿

Suggestion d'accompagnement
Choux de Bruxelles sautés
(recette en page 126)

Fédération 12

Quiche aux légumes

Pour 4 personnes
Temps de préparation : 15 minutes
Temps de cuisson : 30 minutes

Ingrédients

30 ml (2 c. à soupe) d'huile d'olive
2 poireaux, partie blanche seulement, tranchés finement
1 courgette, tranchée finement
1 oignon, émincé   (Suite) ➤

115 g (1/2 tasse) de petits pois, congelés
3 oeufs
80 ml (1/3 tasse) de lait
160 ml (2/3 tasse) de crème 35 %
5 ml (1 c. à thé) de muscade
1 ml (1/4 c. à thé) de sel
60 ml (1/4 tasse) de gruyère, râpé
90 g (3 oz) de jambon cuit, coupé en dés

1 croûte de tarte congelée pour recouvrir le fond d'un plat d'au moins 3,75 cm (1 1/2 po) d'épaisseur

Préchauffer le four à 175 °C (350 °F).

Dans une poêle, chauffer l'huile d'olive et faire revenir le poireau, la courgette et l'oignon 10 minutes. Retirer du feu et ajouter les pois congelés. Réserver.

Dans un bol, fouetter les œufs, le lait, la crème, la muscade et le sel. Ajouter le gruyère et le jambon.

Étaler la pâte dans un plat profond. Déposer les légumes et recouvrir du mélange d'œufs et de jambon.

Cuire au centre du four 30 minutes. Laisser tiédir 5 minutes avant de servir. 🌿

Suggestion d'accompagnement
Salade verte

Fédération 17

Gratin d'omelette aux courgettes

Pour 4 personnes
Temps de préparation : *30 minutes*
Temps de cuisson : *10 minutes*

Ingrédients

2 courgettes, coupées en fines lanières
5 ml (1 c. à thé) de sel
6 œufs
15 ml (1 c. à soupe) de beurre
30 ml (2 c. à soupe) d'huile d'olive
30 ml (2 c. à soupe) de marjolaine
1 échalote française, hachée
1 gousse d'ail, hachée

Sel et poivre

125 ml (1/2 tasse) de fromage, râpé
1 poivron rouge, coupé en lanières

Dans un bol, placer les lanières de courgettes par couche de 1 cm (1/2 po) d'épaisseur environ, en salant légèrement entre chaque couche. Au bout de 30 minutes, presser les courgettes avec les mains pour en extraire toute l'eau.

Dans un grand bol, battre les œufs et ajouter les lanières de courgettes. Ajouter la marjolaine. Saler et poivrer.

Dans une poêle antiadhésive, chauffer le beurre et l'huile d'olive à feu moyen et faire revenir l'échalote et l'ail 30 secondes. Verser les œufs et cuire à feu doux jusqu'au degré de cuisson désiré.

Déposer l'omelette dans un plat allant au four. Recouvrir de fromage râpé et répartir les lanières de poivron sur le dessus.

Cuire au four à « broil » jusqu'à ce que le fromage soit doré. 🌿

Fédération 06

Pâtes et pizzas

Farfalle au saumon et à la crème

Pour 4 personnes

Temps de préparation : *15 minutes*

Temps de cuisson : *20 minutes*

Ingrédients

350 g (12 oz) de saumon, taillé en cubes
de 2 cm (1 po) d'épaisseur

1 échalote française, hachée

1 gousse d'ail, hachée

125 ml (1/2 tasse) de fumet de poisson

125 ml (1/2 tasse) de crème 35 %

8 tomates cerises, coupées en deux

30 ml (2 c. à soupe) de ciboulette, ciselée

1 citron, coupé en quartiers

Sel et poivre

350 g (12 oz) de farfalle
(pâtes en forme de boucles)

Préchauffer le four à 175 °C (350 °F)

Dans un plat allant au four, mettre d'abord le saumon, l'échalote française, l'ail, puis verser la crème et le fumet de poisson. Saler et poivrer. Cuire au four 15 minutes.

Entretemps, dans une casserole, amener l'eau à ébullition. Ajouter le sel et les pâtes et cuire 8 à 10 minutes ou selon les indications de l'emballage. Égoutter.

Répartir les pâtes dans l'assiette et verser la préparation de saumon sur les pâtes. Décorer de demi-tomates cerises. Garnir de ciboulette et d'un quartier de citron.

Claudette Lévesque
Cercle La Pocatière, **Fédération 03**

Suggestion :

Vous pouvez ajouter du saumon fumé à cette sauce après la cuisson du saumon frais.

Si vous n'avez pas de saumon frais, vous pouvez remplacer par 350 g (12 oz) de saumon fumé dans une sauce à la crème. Dans une casserole, chauffer 15 ml (1 c. à soupe) d'huile de canola et faire revenir une échalote française et 1 gousse d'ail hachées. Ajouter 125 ml (1/2 tasse) de vin et laisser réduire presqu'à sec. Ajouter 250 ml (1 tasse) de fumet de poisson et laisser mijoter 2 minutes. Ajouter 125 ml (1/2 tasse) de crème et le fromage parmesan. Laisser mijoter 2 minutes. Saler et poivrer. Ajouter le saumon fumé et servir sur les pâtes. Garnir de dés de tomates et de ciboulette. Pour obtenir une sauce plus épaisse, ajouter de la veloutine.

Suggéré par Lorraine Roy,
Cercle Rimouski, **Fédération 02**

Fettuccini avec poulet, épinards et fromage de chèvre

Pour 4 personnes

Temps de préparation : 15 minutes
Temps de cuisson : 15 minutes

Ingrédients

225 g (8 oz) de poulet cuit, coupé en lanières

225 g (8 oz) de jeunes feuilles d'épinard

250 ml (1 tasse) bouillon de volaille

115 g (4 oz) de fromage de chèvre, émietté

225 g (1 tasse) de tomates cerises, coupées en deux sur la longueur

Sel et poivre

45 ml (3 c. à soupe) de noix de pin, grillées

270 g (9 oz) de fettuccini

Dans une casserole, amener l'eau à ébullition. Ajouter le sel et les pâtes et cuire 8 à 10 minutes ou selon les indications de l'emballage.

Égoutter les pâtes et les verser dans une grande poêle. Ajouter les lanières de poulet, les feuilles d'épinard et le bouillon de volaille. Saler et poivrer.

Ajouter le fromage de chèvre et les tomates cerises. Retirer du feu et couvrir. Laisser le tout réchauffer 2 minutes avant de servir.

Au service, garnir de noix de pin grillées. 🌿

Fédération 23

Gratin de macaroni au thon et pois verts

Pour 4 personnes

Temps de préparation : 15 minutes
Temps de cuisson : 20 minutes

Ingrédients

2 boîtes de 170 g (6 oz) de thon, en morceaux

250 ml (1 tasse) de pois verts, congelés

30 ml (2 c. à soupe) de beurre

250 ml (1 tasse) de céleri, haché

60 ml (1/4 tasse) d'oignon, haché

1 boîte de 284 ml (10 oz) de crème de céleri

125 ml (1/2 tasse) de lait

15 ml (1 c. à soupe) de sauce soya

250 ml (1 tasse) de fromage mozzarella

Sel et poivre

350 g (12 oz) de macaroni courts

Préchauffer le four à 190 °C (375 °F).

Dans une casserole, amener de l'eau à ébullition. Ajouter du sel et cuire les pâtes selon les indications de l'emballage.

Dans une poêle, chauffer le beurre et faire revenir le céleri et l'oignon jusqu'à légère coloration. Ajouter la crème de céleri, le lait et la sauce soya. Mélanger. Ajouter le thon et les pois verts. Saler et poivrer.

Dans un plat allant au four, déposer les pâtes et recouvrir de la préparation. Mélanger et couvrir de fromage mozzarella.

Cuire au four 15 minutes ou jusqu'à ce que le fromage soit bien doré. 🌿

Claudette Lévesque
Cercle La Pocatière, *Fédération 03*

Linguine au jambon et au brocoli

Pour 4 personnes
Temps de préparation : 15 minutes
Temps de cuisson : 10 minutes

Ingrédients

350 g (12 oz) de jambon, taillé en cubes
350 g (12 oz) de brocoli, taillé
en bouquets
1 paquet de fromage Philadelphia,
coupé en cubes   (Suite) ➤

250 ml (1 tasse) de jus de tomate
3 échalotes françaises, hachées
2 gousses d'ail, hachées
2 tomates, coupées en dés
5 ml (1 c. à thé) de basilic, ciselé
60 ml (1/4 tasse) de fromage parmesan
Sel et poivre

350 g (12 oz) de linguine

Dans une casserole, amener l'eau à ébullition. Ajouter le sel et les pâtes et cuire 8 à 10 minutes ou selon les indications de l'emballage. Deux minutes avant la fin de cuisson, ajouter les bouquets de brocoli.

Entretemps, dans une poêle, combiner les cubes de fromage, le jus de tomate, les échalotes, l'ail, le basilic, les dés de tomates et le jambon. Laisser mijoter doucement 2 minutes.

Égoutter les pâtes et le brocoli. Verser la préparation sur les pâtes et saupoudrer de parmesan. 🌿

Lucie Thériault
Cercle La Pocatière, *Fédération 03*

Lasagne aux aubergines et à la tomate

Pour 4 personnes

Temps de préparation : *15 minutes*

Temps de cuisson : *40 minutes*

Ingrédients

350 g (12 oz) d'aubergines, coupées en tranches de 0,6 cm (1/4 po)

350 g (12 oz) de tomates, tranchées finement

225 g (8 oz) de fromage mozzarella, taillé en tranches fines

1 boîte de 284 ml (10 oz) de crème de champignons

250 ml (1 tasse) de lait

250 ml (1 tasse) de parmesan, râpé

8 feuilles de basilic, ciselé

Sel et poivre

10 pâtes à lasagne

Déposer les tranches d'aubergines dans une passoire et saupoudrer de sel. Laisser dégorger 30 minutes. Rincer les tranches et les assécher à l'aide de papier absorbant.

Préchauffer le four à 190 °C (375 °F).

Dans une lèchefrite, étaler les tranches d'aubergines. À l'aide d'un pinceau à pâtisserie, huiler chaque tranche. Cuire 20 minutes en les retournant une fois.

Dans une autre casserole, chauffer la crème de champignons et le lait 2 minutes. Ajouter 125 ml (1/2 tasse) de fromage parmesan. Mélanger. Retirer la casserole du feu et réserver.

Dans une casserole, amener de l'eau à ébullition. Ajouter du sel et faire cuire les pâtes 15 minutes ou selon les indications de l'emballage.

Beurrer un plat rectangulaire allant au four. Napper le fond du plat avec un peu de sauce. Déposer une couche de pâte. Recouvrir de la moitié des tranches d'aubergines et napper de sauce. Recouvrir de pâte. Disposer la moitié des tranches de mozzarella puis de tomates. Parsemer de basilic. Couvrir de pâte, puis d'aubergines et de sauce. Finir avec une couche de pâte, de mozzarella et de tomates. Parsemer de basilic et saupoudrer le reste du parmesan.

Cuire au four 30 minutes.

Fédération 15

Vous pouvez omettre les pâtes dans cette recette et suivre le montage tel que suggéré. Vous obtiendrez un délicieux gratin d'aubergines à servir en entrée ou en accompagnement d'escalopes de veau au citron.

Penne aux saucisses

Pour 4 personnes

Temps de préparation : 15 minutes

Temps de cuisson : 15 minutes

Ingrédients

4 saucisses italiennes douces

45 ml (3 c. à soupe) d'huile d'olive

2 courgettes, coupées en tranches de 0,6 cm (1/4 po) d'épaisseur

80 ml (1/3 tasse) d'olives vertes farcies, coupées en deux sur la longueur

225 g (1 tasse) de tomates cerises, coupées en deux sur la longueur

5 ml (1 c. à thé) de romarin séché

5 ml (1 c. à thé) de persil séché

45 ml (3 c. à soupe) de canneberges séchées

45 ml (3 c. à soupe) de ciboulette, ciselée

Sel et poivre

60 ml (1/4 tasse) de fromage parmesan

270 g (9 oz) de penne

Dans une casserole, amener l'eau à ébullition. Ajouter le sel et les pâtes et cuire 8 à 10 minutes ou selon les indications de l'emballage.

Entretemps, dans une casserole, amener de l'eau à ébullition. Ajouter du sel et cuire les saucisses 5 minutes. Retirer et trancher en rondelles de 1,25 cm (1/2 po) d'épaisseur.

Dans une grande poêle, chauffer l'huile et faire revenir les rondelles de saucisses 3 minutes ou jusqu'à coloration. Ajouter les courgettes et poursuivre la cuisson 3 minutes.

Égoutter les pâtes et verser dans la poêle. Ajouter les olives, les tomates, le romarin, le persil et les canneberges. Saler et poivrer.

Garnir de ciboulette et de fromage parmesan. 🍃

Aline Méthot

Cercle Carleton, Fédération 01

Pizza façon Bénédictine

Pour 4 à 6 personnes

Temps de préparation : 15 minutes

Temps de cuisson : 20 minutes

Ingrédients

6 gros œufs

15 ml (1 c. à soupe) de pesto

10 ml (2 c. à thé) de moutarde de Dijon

10 ml (2 c. à thé) d'herbes salées

15 ml (1 c. à soupe) de beurre

15 ml (1 c. à soupe) d'huile d'olive

1 enveloppe de sauce hollandaise (Knorr)

1 abaisse à pizza d'environ 30 cm (12 po) (du commerce)

280 g (10 oz) de jambon, finement émincé

(Suite) ➤

6 échalotes vertes, finement émincées

8 tranches de bacon cuit et croustillant

140 g (5 oz) de fromage mozzarella, râpé

140 g (5 oz) de fromage cheddar jaune, râpé

Préchauffer le four à 200 °C (400 °F).

Dans un bol, mélanger les œufs, le pesto, la moutarde de Dijon et les herbes salées.

Dans une poêle, chauffer le beurre et l'huile et cuire le mélange d'œufs quelques minutes en remuant jusqu'à ce qu'ils soient cuits mais encore légèrement liquide.

Préparer la sauce hollandaise en suivant les instructions sur l'emballage et en appliquer une légère couche sur l'abaisse de pâte à pizza.

Étendre les œufs brouillés, le jambon, les échalotes et le reste de la sauce.

Couvrir des tranches de bacon, puis des fromages râpés.

Cuire au four environ 20 minutes. 🌿

Louise Bouchard

Cercle l'Ascension, *Fédération 16*

Cette recette est idéale pour le déjeuner ou un brunch.

Pizza maison

Pour 4 personnes

Temps de préparation : 15 minutes

Temps de repos : 2 heures

Temps de cuisson : 30 minutes

Ingrédients

Pâte

2 enveloppes de levure

125 ml (1/2 tasse) d'eau tiède

180 ml (3/4 tasse) d'eau tiède

5 ml (1 c. à thé) de sel

1 œuf

75 ml (5 c. à soupe) d'huile végétale

750 ml (3 tasses) de farine

Sauce

30 ml (2 c. à soupe) huile végétale

2 oignons, hachés

2 poivrons verts, hachés

4 gousses d'ail, hachées

2 boîtes de 796 ml (28 oz) de tomates, égouttées

1 boîte de 284 ml (10 oz) de champignons tranchés, égouttés

125 ml (1/2 tasse) de purée de tomate

30 ml (2 c. à soupe) d'origan

5 ml (1 c. à thé) de sel

1 ml (1/4 c. à thé) de poivre

225 g (8 oz) de pepperoni, tranché mince

250 ml (1 tasse) de fromage mozzarella, râpé

Préparation de la pâte : dans une tasse, laisser de dissoudre le contenu des 2 enveloppes de levure dans 125 ml (1/2 tasse) d'eau tiède, environ 5 minutes.

Dans un bol, mélanger l'eau tiède, l'œuf, le sel et l'huile végétale. Ajouter la levure.

Dans un grand bol, déposer la farine. Ajouter le mélange d'œuf et levure. Travailler la pâte jusqu'à l'obtention d'une pâte lisse et non collante. Pétrir la pâte sur une surface enfarinée. Mettre dans un bol et couvrir d'un linge humide. Laisser gonfler de 90 minutes à deux heures.

Pétrir à nouveau. Diviser la quantité en 2 et étendre la pâte. En couvrir deux assiettes à pizza.

Préparation de la sauce : dans une casserole, chauffer l'huile et faire revenir les oignons, les poivrons et l'ail 3 minutes. Ajouter les tomates, les champignons, la purée de tomate, l'origan, le sel et le poivre. Cuire à feu doux 30 minutes.

Préchauffer le four à 190 °C (375 °F).

Étendre une mince couche de sauce sur la pâte, ajouter du pepperoni et du fromage râpé au goût. Cuire au four 20 à 25 minutes. 🌿

Micheline Fournelle

Cercle Saint-Jérôme, **Fédération 16**

La sauce se congèle très bien et suffit à garnir 4 grandes pizzas ou 8 tortillas de 20,5 cm (8 po).

Vous pouvez choisir de garnir vos pizzas selon votre imagination ou avec les ingrédients que vous avez sous la main. Si vous utilisez des tortillas plutôt que de la pâte, une cuisson au four à 175 °C (350 °F) pendant 7 minutes suffira.

Ravioli, sauce à la sauge

Pour 4 personnes
Temps de préparation *: 15 minutes*
Temps de cuisson *: 10 minutes*

Ingrédients

45 ml (3 c. à soupe) de beurre
ou 30 ml (2 c. à soupe) d'huile d'olive et 15 ml (1 c. à soupe) de beurre
20 feuilles de sauge fraîche
125 ml (1/2 tasse) de bouillon de volaille
15 ml (1 c. à soupe) de noix de pin, grillées
30 ml (2 c. à soupe) de fromage parmesan, râpé
Sel et poivre
270 g (9 oz) de ravioli (du commerce)

Dans une casserole, amener l'eau à ébullition. Ajouter le sel et les pâtes et cuire 8 à 10 minutes ou selon les indications de l'emballage.

Dans une casserole, chauffer le beurre à feu doux 1 minute. Infuser les feuilles de sauge 3 minutes. Ajouter le bouillon et porter à ébullition. Laisser réduire deux minutes. Saler et poivrer.

Égoutter les ravioli, les répartir dans les assiettes et verser la sauce.

Garnir de fromage parmesan et de noix de pin. 🌿

Fédération 14

Spaghetti à la courgette

Pour 4 personnes

Temps de préparation : 15 minutes

Temps de cuisson : 10 minutes

Ingrédients

30 ml (2 c. à soupe) d'huile d'olive

1 oignon, émincé

1 courgette, non pelée et coupée en fines lanières dans le sens de la longueur

1 tomate, coupée en dés

1 gousse d'ail, hachée

15 ml (1 c. à soupe) de thym frais

15 ml (1 c. à soupe) de persil frais

15 ml (1 c. à soupe) de basilic frais

125 ml (1/2 tasse) de bouillon de volaille

60 ml (1/4 tasse) de crème 15 %

15 ml (1 c. à soupe) de veloutine

Sel et poivre

60 ml (1/4 tasse) de fromage parmesan

270 g (9 oz) de spaghetti

Dans une casserole, amener l'eau à ébullition. Ajouter le sel et les pâtes et cuire 8 à 10 minutes ou selon les indications de l'emballage.

Dans une poêle, chauffer l'huile et faire revenir l'oignon 3 minutes. Ajouter les lanières de courgette et poursuivre la cuisson 3 minutes. Ajouter les dés de tomates. Saler et poivrer.

Ajouter l'ail haché, les herbes, le bouillon de volaille et la crème. Réchauffer. Ajouter la veloutine et cuire 1 minute.

Égoutter les pâtes. Verser la préparation sur les pâtes et saupoudrer de parmesan. ❦

147

Françoise Bélanger
Cercle Saint-Guillaume, *Fédération 07*

Salades

Légumes grillés et fromage de chèvre, vinaigrette légèrement à l'ail

Pour 4 personnes

Temps de préparation : 10 minutes

Temps de cuisson : 5 minutes

Ingrédients

60 ml (1/4 tasse) d'huile d'olive

15 ml (1 c. à soupe) de miel

Sel et poivre

2 endives, taillées en deux sur la longueur

4 champignons portobellos, brossés et pied retiré

1 courgette, taillée en quartiers sur la longueur

4 asperges, taillées en deux sur la longueur

1 poivron rouge, épépiné et taillé en lamelles

Vinaigrette

10 ml (2 c. à thé) de moutarde de Dijon

1 gousse d'ail, hachée

5 ml (1 c. à thé) de thym séché

15 ml (1 c. à soupe) de vinaigre de cidre

45 ml (3 c. à soupe) d'huile d'olive

Sel et poivre

Préparation de la vinaigrette : dans un bol, amalgamer la moutarde de Dijon, l'ail et le thym. Ajouter le vinaigre et mélanger. Verser l'huile d'olive en filet en remuant à l'aide d'un fouet. Saler et poivrer. Réserver.

Dans un grand bol, mélanger l'huile d'olive et le miel. Ajouter les légumes et les enduire de ce mélange. Saler et poivrer.

Chauffer une poêle striée ou le barbecue. Griller les endives, les champignons et les courgettes 2 minutes sur la première face. Puis, griller les asperges et les poivrons 1 minute sur la première face. Retourner les légumes et griller 1 minute sur l'autre face.

Au service, déposer les champignons au fond de l'assiette et ensuite chevaucher les autres légumes en alternance. Verser la vinaigrette.

Fédération 12

Cette salade se sert bien en entrée avec une baguette de pain grillé ou en accompagnement d'une viande rouge grillée au barbecue.

Saumon fumé et avocat, vinaigrette à la lime

Pour 4 personnes

Temps de préparation : 10 minutes

Ingrédients

225 g (8 oz) de saumon fumé,
   en tranches
1 avocat, pelé et tranché
Mesclun*

Vinaigrette

45 ml (3 c. à soupe) d'huile de canola
15 ml (1 c. à soupe) de jus de lime
5 ml (1 c. à thé) de graines d'aneth
Sel et poivre

Préparation de la vinaigrette : dans un bol, amalgamer tous les ingrédients de la vinaigrette. Réserver.

Dans les assiettes, répartir le mesclun et disposer les tranches d'avocat en éventail. Former des rosaces avec les tranches de saumon fumé et déposer à la base de l'éventail. Verser la vinaigrette. 🌿

Fédération 22

** Le **mesclun** est un mélange de pousses et de feuilles de différentes plantes potagères qui se consomment le plus souvent en salade. Ces mélanges sont maintenant offerts dans les épiceries et supermarchés.*

Vous pouvez remplacer le mesclun par toute autre laitue. Osez le cresson ou la roquette qui ont un goût poivré.

Salade grecque

Pour 4 personnes
Temps de préparation : 10 minutes

Ingrédients

1 concombre anglais, pelé
   et taillé en cubes
2 tomates, coupées en cubes
1 oignon rouge, taillé en lamelles
115 g (4 oz) de fromage feta,
   émietté
12 olives noires
45 ml (3 c. à soupe) d'huile d'olive
15 ml (1 c. à soupe) de vinaigre de vin
15 ml (1 c. à soupe) d'origan séché
Sel et poivre

Dans un saladier, réunir tous les ingrédients. Mélanger. Saler et poivrer. 🌿

Fédération 15

Vous pouvez aussi tailler les légumes en petits dés, omettre les olives noires et servir sur des croûtons lors d'un cocktail.

Salade d'épinards au chorizo et aux pommes

Pour 4 personnes

Temps de préparation : 10 minutes.
Temps de cuisson : 5 minutes

Ingrédients

115 g (1/4 lb) de saucisse chorizo, tranchée finement

2 pommes Cortland, pelées et coupées en tranches minces

60 ml (1/4 tasse) d'huile d'olive

15 ml (1 c. à soupe) de vinaigre de cidre

10 ml (2 c. à thé) de moutarde à l'ancienne

15 ml (1 c. à soupe) de miel

225 g (8 oz) de jeunes feuilles d'épinards

60 ml (1/4 tasse) de pacanes, grillées et concassées

Sel et poivre

Dans une grande poêle, chauffer la moitié de la quantité d'huile et dorer le chorizo et les pommes. Déglacer avec le vinaigre et ajouter le reste de l'huile, la moutarde et le miel. Laisser réduire 1 minute. Saler et poivrer

Servir tiède sur les feuilles d'épinards et garnir de pacanes.

Lily Mercier
Cercle Saint-Cyrille, **Fédération 03**

Les **pacanes grillées** accompagnent à merveille une sélection de fromages à servir après le repas. Vous pouvez faire griller une plus grande quantité que nécessaire et conserver le surplus dans un pot hermétique.

Le **chorizo** est un saucisson fabriqué à partir de viande de porc ou d'un mélange de porc ou de bœuf assaisonné de sel et d'une variété de paprika qui lui donne sa couleur rouille et son goût légèrement fruité. Les propriétés de cette variété étaient connues depuis le XVIe siècle. Le chorizo peut être plus ou moins épicé. Il est recommandé de le conserver au réfrigérateur ou au congélateur car ce produit se déshydrate avec le temps. Si vous le conservez au réfrigérateur, il vaut mieux le déguster rapidement.

Salade de fenouil

Pour 4 personnes

Temps de préparation : 15 minutes
Temps de réfrigération : 60 minutes

Ingrédients

1 bulbe de fenouil moyen, tranché finement

1 avocat, coupé en cubes

1 orange sanguine, pelée à vif pour retirer les suprêmes

1 oignon rouge, tranché finement

60 ml (1/4 tasse) de noix de Grenoble

60 ml (1/4 tasse) de noix de pin, grillées

(Suite) ➤

Martine Quevillon

Cercle Notre-Dame-de-la-Salette

Fédération 15

Vinaigrette

60 ml (1/4 tasse) d'huile d'olive

15 ml (1 c. à soupe) de vinaigre balsamique

30 ml (2 c. à soupe) de sirop d'érable

Sel et poivre

Conseil : les noix de pin légèrement grillées dégagent une saveur nettement plus intense.

Dans un bol, mélanger tous les ingrédients de la vinaigrette.

Dans un grand bol, mélanger le fenouil, l'avocat, l'orange et l'oignon.

Verser la vinaigrette sur les ingrédients de la salade et réfrigérer au moins 1 heure avant le service.

Au service, parsemer de noix.

Salades repas

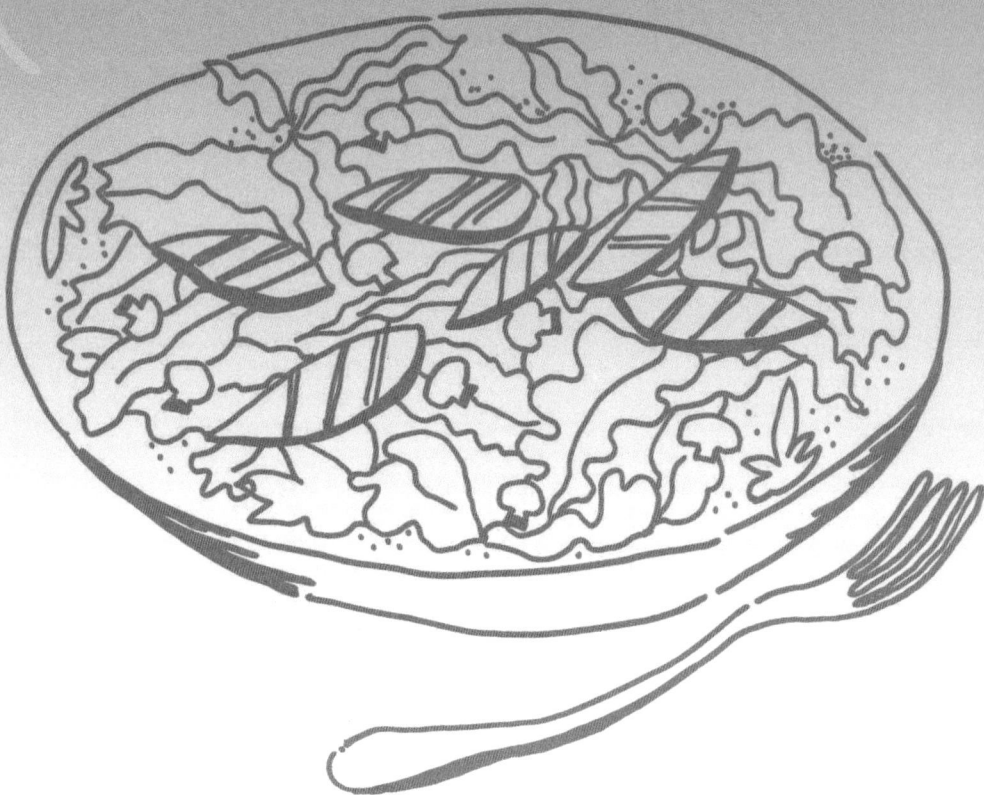

Foies de poulet, champignons et mandarines

Pour 4 personnes
Temps de préparation : 10 minutes
Temps de cuisson : 10 minutes

Ingrédients

350 g (12 oz) de foies de poulet, parés
et taillés en deux sections

3 tranches de bacon, taillées en lanières

45 ml (3 c. à soupe) d'huile d'olive

30 ml (2 c. à soupe) de beurre

2 échalotes françaises, hachées

1 gousse d'ail, hachée

225 g (8 oz) de champignons, brossés
et coupés en quartiers

30 ml (2 c. à soupe) de vinaigre de cidre

Sel et poivre

225 g (8 oz) de jeunes feuilles d'épinards

1 boîte de 284 ml (10 oz) de mandarines
en quartiers

Vinaigrette

45 ml (3 c. à soupe) d'huile d'olive

15 ml (1 c. à soupe) de vinaigre
balsamique

Dans une poêle, chauffer l'huile d'olive et faire revenir les échalotes, l'ail et les champignons 4 minutes. Réserver.

Dans une autre poêle, chauffer le beurre à feu élevé et faire revenir le bacon et les foies de poulet 2 minutes sur chaque face ou jusqu'à coloration. Déglacer au vinaigre de cidre. Ajouter le mélange de champignons et mélanger. Saler et poivrer.

Au service, répartir les jeunes feuilles d'épinards, les foies et les champignons dans les assiettes. Arroser d'huile d'olive et de vinaigre balsamique. Garnir de quartiers de mandarines. 🌿

Fédération 05

Conseil

Les foies de poulet n'apprécient pas une cuisson prolongée. Assurez-vous qu'ils restent rosés à l'intérieur. Pour faciliter cette tâche, tailler les foies en morceaux de même grosseur.

Suggestion :

Vous pouvez aussi servir les foies de poulet avec des pâtes. Ajoutez de la sauge, des épices italiennes et 125 ml (1/2 tasse) de crème 35 % à la fin de la cuisson. Évidemment, vous omettrez alors la vinaigrette et les mandarines.

les tomates de basilic. Verser la vinaigrette sur les asperges. Déposer une barquette de pain grillé dans chaque assiette. 🌱

Jambon, asperges et tomates, vinaigrette aux herbes

Pour 4 personnes
Temps de préparation : 10 minutes

Ingrédients

350 g (12 oz) de jambon cuit,
taillé en lanières

225 g (8 oz) d'asperges cuites

3 tomates, coupées en quartiers

15 ml (1 c. à soupe) de basilic séché

1 pain baguette

225 g (8 oz) de fromage de chèvre,
tranché

Vinaigrette

45 ml (3 c. à soupe) d'huile d'olive

15 ml (1 c. à soupe) de jus de citron

15 ml (1 c. à soupe) de cerfeuil

15 ml (1 c. à soupe) de persil

Sel et poivre

Préparation de la vinaigrette : *dans un bol, mélanger tous les ingrédients. Réserver.*

Couper la baguette en deux parties et encore en deux dans le sens de la longueur. Étendre le fromage de chèvre sur chaque barquette de pain. Griller au four 5 minutes ou jusqu'à légère coloration.

Au service, disposer le jambon, les asperges et les tomates dans les assiettes. Saupoudrer

Fédération 18

Poulet et couscous avec vinaigrette à la tomate épicée

Pour 4 personnes
Temps de préparation : 10 minutes

Ingrédients

350 g (12 oz) de poulet cuit,
taillé en lanières

125 ml (1/2 tasse) de bouillon de volaille

125 ml (1/2 tasse) de couscous

2 tomates, coupées en dés

15 ml (1 c. à soupe) de basilic séché

1 branche de céleri, coupée en dés

1 échalote verte, hachée

15 ml (1 c. à soupe) d'huile d'olive

5 ml (1 c. à thé) de jus de citron

Sel et poivre

30 ml (2 c. à soupe) de persil frais, haché

Vinaigrette

45 ml (3 c. à soupe) d'huile d'olive

15 ml (1 c. à soupe) de vinaigre de cidre

15 ml (1 c. à soupe) de ketchup
aux tomates (du commerce)

5 ml (1 c. à thé) de flocons de piment

Sel et poivre   *(Suite)* ➤

Dans une casserole, amener le bouillon de volaille à ébullition. Fermer le feu et verser le couscous dans le bouillon. Ajouter les tomates, le céleri, le basilic et l'échalote. Mélanger et ajouter l'huile d'olive et le jus de citron. Saler et poivrer. Couvrir et laisser gonfler le couscous environ 5 minutes.

Dans un bol, mélanger tous les ingrédients de la vinaigrette.

Au service, déposer le couscous dans les assiettes. Répartir les lanières de poulet et verser la vinaigrette. Garnir de persil. 🍃

Fédération 14

Poulet grillé avec courgettes et champignons frais, vinaigrette moutarde et miel

Pour 4 personnes

Temps de préparation : 10 minutes

Temps de marinade : 10 minutes

Temps de cuisson : 5 minutes

Ingrédients

2 blancs de poulet, taillés en escalopes

15 ml (1 c. à soupe) d'huile d'olive

1 gousse d'ail, hachée   (Suite) ➤

15 ml (1 c. à soupe) d'origan séché

15 ml (1 c. à soupe) de poudre d'oignon

2 courgettes, coupées en deux sur la longueur, puis en tranches fines

225 g (8 oz) de champignons, tranchés

15 ml (1 c. à soupe) de jus de citron

5 ml (1 c. à thé) d'estragon, séché

Sel et poivre

1 échalote verte, taillée en julienne

30 ml (2 c. à soupe) de zeste de citron

Vinaigrette

45 ml (3 c. à soupe) d'huile d'olive

15 ml (1 c. à soupe) de vinaigre de vin blanc

15 ml (1 c. à soupe) de miel

15 ml (1 c. à soupe) de moutarde de Dijon

Sel et poivre

Dans un bol, mélanger l'huile d'olive, l'ail, l'origan et la poudre d'oignon. Enduire les escalopes de poulet de cette préparation et laisser mariner 10 minutes.

Dans un grand bol, déposer les tranches de courgettes et de champignons. Arroser de jus de citron et saupoudrer d'estragon. Saler et poivrer. Laisser mariner 5 minutes.

Griller les escalopes dans une poêle striée ou au barbecue 2 minutes de chaque côté. Réserver au chaud.

Au service, répartir les courgettes et les champignons dans les assiettes. Disposer les escalopes de poulet par-dessus et verser la vinaigrette. Garnir de la julienne d'échalote et de zeste de citron. 🍃

Fédération 25

Salade asiatique aux crevettes, vinaigrette au gingembre et au soya

Pour 4 personnes

Temps de préparation : *10 minutes*

Temps de cuisson : *5 minutes*

Ingrédients

24 crevettes crues, décortiquées
   et nettoyées

15 ml (1 c. à soupe) de jus de lime

115 g (4 oz) de nouilles de riz

15 ml (1 c. à soupe) de sauce
   de poisson*

15 ml (1 c. à soupe) de mirin

115 g (4 oz) de fèves de soya, lavées

2 échalotes vertes, taillées en julienne

Le zeste d'une lime

Vinaigrette

45 ml (3 c. à soupe) d'huile de canola

15 ml (1 c. à soupe) de mirin

15 ml (1 c. à soupe) de gingembre

15 ml (1 c. à soupe) de soya

Sel et poivre

Dans une casserole, verser le jus de lime et ajouter les crevettes. Couvrir et cuire 3 minutes ou jusqu'à ce que les crevettes soient rosées. Retirer du feu et verser dans un bol pour laisser tiédir.

Dans une autre casserole, amener de l'eau à ébullition. Cuire les nouilles de riz 2 minutes. Égoutter et verser dans un bol. Ajouter la sauce de poisson et le mirin. Réserver.

Dans un bol, mélanger les ingrédients de la vinaigrette.

Au service, répartir les nouilles de riz dans les assiettes. Recouvrir de fèves soya. Disposer les crevettes et verser la vinaigrette. Garnir de la julienne d'échalotes et de zeste de lime.

Fédération 08

*Sauce de poisson : *cette sauce asiatique salée et riche en protéines ajoute une délicate et riche saveur aux plats de viandes, de poissons et de légumes. Au Vietnam, on lui donne le nom de nuoc mam.*

Salade de poulet aux pommes et au cari

Pour 4 personnes

Temps de préparation : *10 minutes*

Temps de cuisson : *10 minutes*

Ingrédients

500 ml (2 tasses) de poulet cuit,
  coupé en cubes

2 pommes Granny Smith,
  coupées en dés

15 ml (1 c. à soupe) de cari

Sel et poivre

Vinaigrette

30 ml (2 c. à soupe) de mayonnaise

15 ml (1 c. à soupe) de vinaigre
  de vin blanc

1 gousse d'ail, hachée

15 ml (1 c. à soupe) de cari

Sel et poivre

Laitue boston, ciselée

30 ml (2 c. à soupe) d'amandes,
  tranchées et grillées

15 ml (1 c. à soupe) de persil

3 tomates, taillées en quartiers

Dans un bol, mélanger le poulet, les pommes et le cari. Ajouter les ingrédients de la vinaigrette et mélanger.

Au service, répartir la laitue dans les assiettes. Déposer le mélange de poulet par-dessus. Garnir d'amandes grillées et de persil. Accompagner de quartiers de tomates.

Fédération 03

Salade de saumon, vinaigrette aux câpres

Pour 4 personnes

Temps de préparation : *10 minutes*

Ingrédients

2 boîtes de 190 g (7 oz) de saumon
  en morceaux

1 branche de céleri, coupée en dés

1 échalote verte, hachée

15 ml (1 c. à soupe) de jus de citron

15 ml (1 c. à soupe) de sauce chili

2 gouttes de sauce Tabasco

Sel et poivre

15 ml (1 c. à soupe) de persil

Vinaigrette

30 ml (2 c. à soupe) d'huile d'olive

15 ml (1 c. à soupe) de vinaigre
  de vin blanc

15 ml (1 c. à soupe) de câpres

Sel et poivre

Feuilles de laitue romaine

Dans un bol, mélanger le saumon, le céleri, l'échalote verte, le jus de citron, la sauce chili et la sauce Tabasco. Saler et poivrer.

Au service, répartir la laitue dans les assiettes. Déposer le mélange de saumon par dessus. Arroser de vinaigrette et garnir de persil. 🌿

Fédération 19

Salade de bœuf grillé et cresson

Pour 4 personnes
Temps de préparation : 15 minutes
Temps de cuisson : 10 minutes

Ingrédients

675 g (1 1/2 lb) de bifteck, en 4 portions de 2,5 cm (1 po) d'épaisseur
15 ml (1 c. à soupe) d'huile d'olive
Sel et poivre

Vinaigrette

60 ml (1/4 tasse) de vinaigre de vin blanc
60 ml (1/4 tasse) de moutarde de Dijon
60 ml (1/4 tasse) d'huile d'olive
10 ml (2 c. à thé) de sucre
125 ml (1/2 tasse) de poivron rouge, taillé en petits dés
125 ml (1/2 tasse) de concombre, taillé en petits dés
1 échalote française, hachée
1 cornichon à l'aneth, haché
45 ml (3 c. à soupe) de câpres
Sel et poivre
450 g (1 lb) de cresson

Préparation de la vinaigrette : dans un bol, mélanger le vinaigre, la moutarde, l'huile et le sucre et brasser jusqu'à dissolution du sucre. Ajouter les dés de poivron et de concombre, l'échalote française, le cornichon et les câpres. Saler et poivrer.

Dans une grande poêle, chauffer l'huile d'olive et faire griller les pièces de bifteck 5 minutes sur la première face et 3 minutes ou moins sur l'autre, selon le degré de cuisson voulu. Saler et poivrer. Retirer de la poêle et réserver au chaud, mais sans cuire davantage, pour laisser reposer 5 minutes.

Au moment de servir, trancher le bifteck en tenant le couteau à un angle de 45 degrés pour obtenir des tranches de 1 cm (3/8 po) d'épaisseur.

Dans un saladier, verser la vinaigrette sur le cresson. Bien mélanger.

Répartir le cresson dans les assiettes et disposer dessus les tranches de bifteck. 🌿

Fédération 13

Vous pouvez remplacer le cresson par de la jeune laitue romaine, ciselée.

Sandwiches

Burgers de poulet grillé à l'orange

Pour 4 personnes

Temps de préparation : 15 minutes

Temps de marinade : 10 minutes

Temps de cuisson : 10 minutes

Ingrédients

2 blancs de poulet, peau enlevée
  et taillés en escalopes

Marinade

5 ml (1 c. à thé) de zeste d'orange

60 ml (1/4 tasse) de jus d'orange

3 échalotes vertes, hachées

1 gousse d'ail, hachée finement

5 ml (1 c. à thé) de miel

5 ml (1 c. à thé) de gingembre moulu

5 ml (1 c. à thé) de sauce soya

1 ml (1/4 c. à thé) de sel

4 pains à hamburger

Mayonnaise (du commerce)

4 feuilles de laitue romaine

1 poivron rouge, grillé

1 oignon rouge, tranché finement

Dans un bol, mélanger les ingrédients de la marinade. Ajouter le poulet et laisser mariner 10 minutes.

Cuire les escalopes de poulet sur le barbecue ou sous le gril du four jusqu'à ce que le poulet ait perdu sa teinte rosée.

Badigeonner les pains de mayonnaise et garnir de laitue, de languettes de poivrons grillés et de tranches d'oignon rouge.

Suggestion d'accompagnement

Crudités avec aïoli à la lime et à l'ail rôti (recette en page 174)

Monique Gagné-Fréchette
Cercle Saint-Noël de Thetford Mines
Fédération 06

Dinde fumée sur pain aux herbes

Pour 4 personnes

Temps de préparation : 15 minutes

Ingrédients

450 kg (1 lb) de tranches de dinde fumée
  ou de blanc de dinde, haché

Laitue

Sauce

60 ml (1/4 tasse) de mayonnaise

5 ml (1 c. à thé) de curcuma

30 ml (2 c. à soupe) de canneberges,
  hachées

5 ml (1 c. à thé) de sucre

Sel et poivre

4 pains aux herbes ou
  un pain de blé entier, tranché
  en quatre dans le sens de la longueur

Préparation de la sauce : *dans un bol, mélanger tous les ingrédients. Réserver.*

Présentation :

1. **Pains aux herbes** : *badigeonner les faces intérieures des pains aux herbes de la sauce. Ajouter la laitue et les tranches de dinde.*

2. **Pain de blé entier** : *mélanger la dinde hachée et la sauce. Étendre la préparation sur chaque tranche et faire des rouleaux. Tailler en portions.* 🌱

Suggestion d'accompagnement
Crudités et une salade de concombres

Fédération 14

Kefta dans un pita

Pour 4 personnes
Temps de préparation : *15 minutes*
Temps de cuisson : *5 minutes*

Ingrédients

250 g (1/2 lb) d'agneau haché

60 ml (1/4 tasse) d'oignon, râpé

15 ml (1 c. à soupe) de menthe séchée

2 ml (1/2 c. à thé) de coriandre en poudre

5 ml (1 c. à thé) de gingembre frais, râpé

1 ml (1/4 c. à thé) de cumin

1 ml (1/4 c. à thé) de clou de girofle en poudre

15 ml (1 c. à soupe) d'huile d'olive

4 pitas, coupés en deux et ouverts pour former une poche (Suite) ▶

Sauce

125 ml (1/2 tasse) de yogourt nature ou de sauce Tzatziki

15 ml (1 c. à soupe) de menthe séchée

Dans un bol, mélanger l'agneau, l'oignon, la menthe, la coriandre, le gingembre, le cumin et le clou de girofle. Façonner 24 boulettes. Réserver.

Dans une grande poêle, chauffer l'huile d'olive et faire revenir les boulettes de 4 à 5 minutes. Fermer le feu, couvrir et laisser reposer 2 minutes.

Dans un bol, mélanger la menthe et le yogourt ou la sauce Tzatziki.

Ouvrir les pitas et insérer 3 boulettes par demi-pita. Garnir de sauce. 🌱

Suggestion d'accompagnement
Salade de tomates et olives noires avec vinaigrette à l'origan

Fédération 07

Sauce Tzatziki : dans un bol, mélanger 60 ml (1/4 tasse) de yogourt nature, 125 ml (1/2 tasse) de concombre, pelé, épépiné et coupé en petits dés, 1 gousse d'ail hachée et 5 ml (1 c. à thé) de sel.

Pain aux olives, omelette aux poivrons et oignons rouges

Pour 4 personnes
Temps de préparation : 15 minutes
Temps de cuisson : 15 minutes

166

Ingrédients

45 ml (3 c. à soupe) d'huile d'olive
4 tranches de bacon, taillées finement
1 poivron rouge, taillé en lamelles
1 oignon rouge, taillé en rondelles fines
30 ml (2 c. à soupe) de beurre
5 œufs
15 ml (1 c. à soupe) de thym, haché
15 ml (1 c. à soupe) de ciboulette, ciselée
15 ml (1 c. à soupe) de persil, ciselé
Sel et poivre

1 pain aux olives, taillé en tranches

Dans une poêle, chauffer l'huile à feu moyen et faire revenir le bacon, le poivron rouge, l'oignon rouge 5 minutes. Saler et poivrer. Réserver.

Dans un bol, battre les œufs et incorporer les herbes. Saler et poivrer.

Dans une grande poêle, chauffer le beurre à feu doux. Déposer le mélange de bacon et légumes dans la poêle et verser les œufs. Cuire lentement environ 10 minutes.

Griller les tranches de pain aux olives.

Au service, tailler l'omelette en grandes pointes et servir avec le pain grillé à côté. 🌱

Suggestion d'accompagnement
Salade verte

Fédération 06

Paninis au bœuf, sauce poivrade

Pour 4 personnes
Temps de préparation : 15 minutes
Temps de cuisson : 20 minutes

Ingrédients

1 tranche de bifteck de 350 g (3/4 lb) d'environ 2,5 cm (1 po) d'épaisseur
15 ml (1 c. à soupe) de beurre

Sauce

30 ml (2 c. à soupe) de beurre
1 oignon, haché finement
1 carotte, hachée finement
250 ml (1 tasse) de bouillon de bœuf
60 ml (1/4 tasse) de vinaigre de cidre
15 ml (1 c. à soupe) de poivre concassé
5 ml (1 c. à thé) d'épices à steak

4 paninis
Moutarde de Dijon

Préparation de la sauce : dans une poêle, chauffer le beurre et faire revenir l'oignon et la carotte 5 minutes. Ajouter le bouillon de bœuf et le vinaigre de cidre. Laisser mijoter doucement 10 minutes. Ajouter le poivre et poursuivre la cuisson 10 minutes. Réserver.

Saupoudrer les biftecks d'épices à steak. Dans une poêle, chauffer le beurre et saisir le bifteck 2 minutes de chaque côté. Saler et poivrer au goût. Laisser tiédir le bifteck et tailler en fines tranches. Réserver au chaud.

Réchauffer les paninis au four quelques minutes.

Ouvrir les paninis et badigeonner les faces intérieures de moutarde de Dijon. Disposer plusieurs tranches de bifteck sur chaque pain et refermer. Tailler les paninis en deux parties ou en portions permettant de tremper le panini dans la sauce.

Verser la sauce dans des bols individuels. 🥗

Suggestion d'accompagnement
Salade verte ou une salade de pommes de terre bien relevée

Fédération 02

Tacos au bœuf

Pour 4 personnes
Temps de préparation : 15 minutes
Temps de cuisson : 15 minutes

Ingrédients

15 ml (1 c. à soupe) d'huile d'olive
450 kg (1 lb) de bœuf haché
1 gousse d'ail, hachée
5 ml (1 c. à thé) d'origan
1 ml (1/4 c. à thé) de cumin
1 ml (1/4 c. à thé) de flocons de piment
Sel et poivre
Laitue, ciselée
2 tomates, coupées en dés
2 échalotes vertes, coupées finement
125 ml (1/2 tasse) de fromage mozzarella, râpé
60 ml (1/4 tasse) de yogourt nature

8 coquilles à tacos

Dans une poêle, chauffer l'huile d'olive et faire revenir le bœuf et l'ail 5 minutes. Ajouter l'origan, le cumin et les flocons de piment. Saler et poivrer.

Au service, présenter les garnitures individuellement dans des bols afin que chaque personne prépare son propre taco. 🥗

Suggestion d'accompagnement
Trempette à l'avocat du commerce et salsa aux tomates (recette en page 175)

Fédération 25

Tortillas au saumon fumé et fromage de chèvre

Pour 4 personnes

Temps de préparation : *15 minutes*

Ingrédients

165 à 190 g (6 à 7 oz) de saumon fumé

60 g (2 oz) de fromage de chèvre, émietté

60 ml (1/4 tasse) de noix de Grenoble, émiettées

30 ml (2 c. à soupe) de canneberges séchées, coupées en deux

4 feuilles de laitue

2 branches d'aneth frais, ciselées

Mayonnaise à la moutarde

45 ml (3 c. à soupe) de mayonnaise (du commerce)

5 ml (1 c. à thé) de moutarde de Meaux

Sel et poivre

4 tortillas au basilic et tomates

Dans un bol, mélanger les ingrédients de la mayonnaise.

Badigeonner les tortillas de mayonnaise. Recouvrir d'une feuille de laitue. Répartir également le saumon fumé, le fromage de chèvre, les noix de Grenoble et les canneberges. Garnir d'aneth.

Plier le bas du tortilla et enrouler.

Suggestion d'accompagnement
Salade de fenouil (recette en page 152)

Thérèse Pelletier-Dubé
*Cercle Saint-Jean-Port-Joli, **Fédération 03***

Vous pouvez également présenter les tortillas en bouchées froides en coupant les tortillas simplement roulés en bouchées de 2 cm (3/4 po).

Tortillas au poulet, tomates et artichauts

Pour 4 personnes

Temps de préparation : *15 minutes*

Ingrédients

450 g (1 lb) de poulet, cuit et taillé en lanières

2 tomates, tranchées

1 boîte de 284 ml (10 oz) d'artichauts, taillés en quartiers

4 feuilles de laitue

Mayonnaise au basilic

45 ml (3 c. à soupe) de mayonnaise (du commerce)

30 ml (2 c. à soupe) de basilic frais ou 15 ml (1 c. à soupe) si séché

5 ml (1 c. à thé) d'huile d'olive

Sel et poivre

4 tortillas aux tomates séchées ou au pesto

Dans un bol, mélanger les ingrédients de la mayonnaise.

Badigeonner les tortillas de mayonnaise au basilic. Répartir les lanières de poulet, les tranches de tomates et les quartiers d'artichauts. Recouvrir d'une feuille de laitue.

Rouler chaque tortilla et trancher en diagonale. 🍏

Suggestion d'accompagnement
Salade de fenouil (recette en page 152)

Fédération 12

Sauces, salsa et vinaigrettes

Beurre aux herbes

Temps de préparation : 15 minutes

Ingrédients

250 g (1 tasse) de beurre,
à température ambiante

30 ml (2 c. à soupe) de cerfeuil, ciselé

30 ml (2 c. à soupe) de ciboulette, ciselée

30 ml (2 c. à soupe) de persil, ciselé

30 ml (2 c. à soupe) d'estragon, ciselé

60 ml (1/4 tasse) de jus de citron

Sel et poivre

Dans un bol, mélanger tous les ingrédients. Saler et poivrer au goût. Rouler ce beurre en cylindre dans du papier d'aluminium et placer au congélateur.

Sortir le rouleau de beurre du congélateur et tailler des tranches au besoin. 🌿

Fédération 05

Suggestion particulière :
bavette de bœuf (recette en page 46)

Vous pouvez facilement varier les herbes selon ce que vous avez en main au moment de sa préparation. Le beurre proposé ici se conserve au congélateur plusieurs semaines et se sert bien avec une escalope de volaille ou sur des hamburgers de bœuf, de veau ou d'agneau.

Pesto à la coriandre

Temps de préparation : 10 minutes

Ingrédients

250 ml (1 tasse) de coriandre fraîche

80 ml (1/3 tasse) d'huile d'olive

45 ml (3 c. à soupe) de noix de pin,
grillées

15 ml (1 c. à soupe) de vinaigre
de vin blanc

15 ml (1 c. à soupe) de sucre

5 ml (1 c. à thé) de sel

1 ml (1/4 c. à thé) de poivre

Dans un robot culinaire, mettre la coriandre, les noix de pin, le sucre, le sel et le poivre. Pulser pour ciseler la coriandre. Verser l'huile d'olive lentement pour obtenir une purée. Ajouter le vinaigre de vin blanc et pulser une fois. 🌿

Fédération 14

*Ce **pesto** se sert idéalement sur un saumon grillé.*

Pour faire un pesto de basilic, remplacez la coriandre et omettez le vinaigre de vin blanc.

Vous pouvez également faire un pesto de menthe, en remplaçant la coriandre par des feuilles de menthe et le vinaigre de vin par une gelée de menthe. Cette variante accompagne bien l'agneau.

Chutney aux pommes et aux dattes

Temps de préparation : 15 minutes

Ingrédients

450 g (16 oz) de pommes Cortland,
   pelées et taillées en tranches fines
60 ml (1/4 tasse) d'oignons, coupés en dés
5 ml (1 c. à thé) de gingembre frais, râpé
5 ml (1 c. à thé) de sel
375 ml (1 1/2 tasse) de cidre de pomme
30 ml (2 c. à soupe) de sucre
125 ml (1/2 tasse) de dattes, hachées
5 ml (1 c. à thé) de piment de Cayenne
15 ml (1 c. à soupe) de basilic,
   haché ou de menthe, hachée

Réchauffer un bocal stérilisé de 500 ml.

Dans une grande casserole, mettre les pommes, l'oignon, le gingembre, le sel, le cidre, le sucre, les dattes et le piment de Cayenne et laisser mijoter 15 minutes. Retirer du feu et incorporer le basilic ou la menthe.

Verser le chutney dans le bocal et extraire les bulles d'air en brassant avec une spatule étroite. Mettre sous couvercle. Laisser tiédir et conserver au réfrigérateur. 🌱

Fédération 16

Ce **chutney** se conserve jusqu'à 1 mois au réfrigérateur.

Sauce à pizza

Temps de préparation : 10 minutes
Temps de cuisson : 25 minutes

Ingrédients

30 ml (2 c. à soupe) d'huile d'olive
1 oignon, haché
2 gousses d'ail, hachées
1 boîte de 796 ml (28 oz) de tomates
   italiennes, écrasées
125 ml (1/2 tasse) de pâte de tomate
15 ml (1 c. à soupe) de vinaigre
   balsamique
45 ml (3 c. à soupe) de basilic frais,
   haché
15 ml (1 c. à soupe) d'origan, séché
15 ml (1 c. à soupe) de flocons de piment
15 ml (1 c. à soupe) de sucre
5 ml (1 c. à thé) de sel
1 ml (1/4 c. à thé) de poivre

Dans une grande casserole, chauffer l'huile et faire revenir l'oignon et l'ail 5 minutes.

Ajouter les tomates, la pâte de tomate, le vinaigre balsamique, le basilic, l'origan, le piment, le sucre, le sel et le poivre. Laisser mijoter doucement 20 minutes. 🌱

Fédération 08

Aïoli à la lime et à l'ail rôti

Pour 4 personnes

Temps de préparation : 15 minutes

Temps de cuisson : 25 minutes

Ingrédients

2 gros bulbes d'ail

10 ml (2 c. à thé) d'huile d'olive

250 ml (1 tasse) de mayonnaise
(du commerce)

5 ml (1 c. à thé) de zeste de lime

30 ml (2 c. à soupe) de jus de lime

30 ml (2 c. à soupe) de coriandre fraîche,
hachée

2 ml (1/2 c. à thé) de sel

1 ml (1/4 c. à thé) de sauce Tabasco

174

Préchauffer le four à 220 °C (425 °F).

Peler les bulbes d'ail en laissant les gousses reliées. Couper le quart supérieur de chaque bulbe d'ail. Déposer les bulbes au centre d'une feuille de papier aluminium résistante en posant le côté tranché vers le haut. Verser l'huile d'olive sur chaque bulbe. Refermer le papier aluminium.

Cuire au four 25 minutes.

Retirer du four et laisser tiédir. À l'aide d'une cuillère, extraire la pulpe des gousses et réduire en pommade.

Dans un bol, mélanger l'ail, la mayonnaise, le zeste et le jus de lime, la coriandre, le sel et la sauce Tabasco.

Fédération 05

L'aïoli se sert généralement avec les poissons froids, les légumes et les viandes.

Suggestion particulière :
brochettes d'agneau (recette en page 36)

Salsa de fraises

Pour 4 personnes

Temps de préparation : 10 minutes

Ingrédients

2 chopines de fraises du Québec,
lavées et équeutées

1 bouquet de ciboulette, ciselée

3 échalotes françaises,
coupées en tranches minces

4 échalotes vertes (section verte
seulement), tranchées finement

30 feuilles de basilic frais, ciselées

30 ml (2 c. à soupe) de vinaigre
de framboise

250 ml (1 tasse) d'huile d'olive

Poivre frais moulu

Couper les fraises en quatre et réserver dans un bol.

Ajouter tous les ingrédients et laisser reposer 15 minutes à température ambiante. 🌿

Fédération 24

*Cette **salsa** accompagne très bien les asperges grillées et le poisson à chair blanche.*

jusqu'à l'utilisation. Les saveurs s'intensifient si vous réfrigérez au moins deux heures avant de servir.

Servez cette salsa avec un poisson blanc ou des crevettes, et pourquoi pas, comme garniture dans des hamburgers. Au cocktail, placez des croûtons ou des croustilles de maïs autour du bol contenant la préparation.

Salsa de tomates et d'avocat

Temps de préparation : 15 minutes

Ingrédients

3 tomates, épépinées et coupées en dés

1 oignon, haché finement

1 avocat, coupé en dés

45 ml (3 c. à soupe) de coriandre fraîche, hachée

30 ml (2 c. à soupe) de jus de lime

2 ml (1/2 c. à thé) de sauce Tabasco

Sel et poivre

Dans un bol, mélanger les tomates, l'oignon, l'avocat et la coriandre. Ajouter le jus de lime et la sauce Tabasco. Mélanger. Saler et poivrer. 🌿

Fédération 12

Pour éviter que l'avocat ne s'oxyde, couvrez la préparation d'une pellicule plastique. Réfrigérez

Vinaigrette au fromage bleu

Temps de préparation : 15 minutes

Ingrédients

250 ml (1 tasse) de fromage bleu, émietté

30 ml (2 c. à soupe) d'huile d'olive

30 ml (2 c. à soupe) de crème 35 %

30 ml (2 c. à soupe) de ciboulette, ciselée

2 ml (1/2 c. à thé) de sel

1 ml (1/4 c. à thé) de poivre

Dans un bol, mélanger tous les ingrédients jusqu'à consistance onctueuse. 🌿

Fédération 19

Vous pouvez transformer cette vinaigrette crémeuse en tartinade en réduisant l'huile d'olive et la crème de moitié. Vous pourrez tartiner des croûtons et garnir de noix de pin grillées.

Vous pouvez également doubler la recette et proposer des légumes à tremper pour un cocktail.

Vinaigrette classique et ses variantes

Temps de préparation : 15 minutes

Ingrédients

45 ml (2 c. à soupe) d'huile*

15 ml (1 c. à soupe) de vinaigre
de vin rouge

2 ml (1/2 c. à thé) de sel

1 ml (1/4 c. à thé) de poivre

Dans un bol, mélanger tous les ingrédients.

Fédération 04

Cette vinaigrette est la plus simple de toutes les sauces et aussi la plus utilisée à cause de son usage universel dans les salades. Le choix des huiles et des vinaigres modifiera la saveur de la vinaigrette.

* Une huile peut rancir après plusieurs mois et si elle n'a pas été conservée correctement.

Vous pouvez utiliser une huile d'olive, de pépins de raisin, de noix, de canola ou de tournesol selon l'intensité ou la délicatesse de la vinaigrette que vous recherchez.

La vinaigrette se sert parfois tiède pour rehausser le goût des aliments, surtout les poissons blancs et les abats.

Voici quelques variantes :

Au cari : ajouter 5 ml (1 c. à thé) de cari et 15 ml (1 c. à soupe) de pomme râpé.

Au miso : ajouter 15 ml (1 c. à soupe) de miso, 5 ml (1 c. à thé) de moutarde de Dijon, de la ciboulette et du thym.

Aux deux moutardes : ajouter 5 ml (1 c. à thé) de moutarde de Dijon et 5 ml (1 c. à thé) de moutarde de Meaux.

Suggestion :
Ajoutez de la mayonnaise et de l'ail haché à ces vinaigrettes et vous obtiendrez d'excellentes sauces pour vos fondues.

Tapenade

Temps de préparation : 10 minutes

Ingrédients

30 ml (2 c. à soupe) de câpres, égouttés

4 filets d'anchois

5 ml (1 c. à thé) de thym

30 ml (2 c. à soupe) d'huile d'olive

500 ml (2 tasses) d'olives noires, dénoyautées

Dans un robot culinaire, mettre les câpres, les anchois et le thym. Pulser pour obtenir une pâte. Verser l'huile d'olive lentement pour obtenir une purée. 🌿

Fédération 14

Une mince couche de tapenade aux olives noires parfumera agréablement un filet de morue cuit à la vapeur.

La tapenade se décline en plusieurs versions. Variez les ingrédients pour créer votre propre recette. Remplacer les olives noires par des vertes ou par des tomates séchées pour présenter trois couleurs de tapenade sur votre table de cocktail ou de buffet.

Si vous préférez éviter les anchois, remplacez-les par 5 ml (1 c. à thé) de sel.

Sauce tomate

Pour 4 personnes

Temps de préparation : 15 minutes

Temps de cuisson : 20 minutes

Ingrédients

30 ml (2 c. à soupe) d'huile d'olive

1 oignon, haché

2 gousses d'ail, hachées

1 boîte de 796 ml (28 oz) de tomates en dés

60 ml (1/4 tasse) de purée de tomate

30 ml (2 c. à soupe) d'origan

5 ml (1 c. à thé) de sel

1 ml (1/4 c. à thé) de poivre

Dans une casserole, chauffer l'huile et faire revenir l'oignon et l'ail 3 minutes. Ajouter les tomates, la purée de tomate, l'origan, le sel et le poivre. Cuire à feu doux 20 minutes. 🌿

Fédération 08

Vous pouvez congeler cette sauce par portion de 125 ml (1/2 tasse) et l'ajouter à des pâtes, sur un poisson blanc, des escalopes de veau ou pour allonger une soupe aux légumes.

Desserts

Biscotti à l'orange et aux noisettes

Temps de préparation : *15 minutes*
Temps de cuisson : *30 minutes*

Ingrédients

60 ml (1/4 tasse) de beurre
250 ml (1 tasse) de cassonade
30 ml (2 c. à soupe) de miel
1 œuf (gros)
5 ml (1 c. à thé) d'eau de fleurs d'oranger
375 ml (1 1/2 tasse) de farine
3 ml (3/4 c. à thé) de poudre à pâte
2 ml (1/2 c. à thé) de sel
15 ml (1 c. à soupe) de zeste d'orange
125 ml (1/2 tasse) de noisettes, broyées

Préchauffer le four à 160 °C (325 °F).

Beurrer une plaque à biscuits.

Dans un bol, battre le beurre, la cassonade et le miel. Ajouter l'œuf et l'eau de fleurs d'oranger.

Dans un bol, mélanger la farine, la poudre à pâte et le sel. Ajouter graduellement au mélange précédent.

Enfariner le zeste d'orange et les noisettes. Ajouter au mélange précédent.

Façonner le mélange en deux rouleaux et les déposer sur la plaque à biscuits.

Cuire 20 minutes.

Retirer du four et réduire la température à 150 °C (300 °F).

Laisser tiédir légèrement. À l'aide d'un couteau dentelé, trancher les rouleaux en diagonale en tranches de 1,25 cm (1/2 po) d'épaisseur.

Déposer les tranches sur la plaque et cuire 10 minutes.

Thérèse Prince
Cercle Fortierville, Fédération 18

Biscuits à la citrouille et aux noix de pin

Temps de préparation : *15 minutes*
Temps de cuisson : *15 minutes*

Ingrédients

125 ml (1/2 tasse) de beurre, ramolli
375 ml (1 1/2 tasse) de cassonade
1 oeuf
430 ml (1 3/4 tasse) de citrouille en purée
5 ml (1 c. à thé) de vanille
680 ml (2 3/4 tasses) de farine
15 ml (3 c. à thé) de poudre à pâte
2 ml (1/2 c. à thé) de gingembre
2 ml (1/2 c. à thé) de muscade
2 ml (1/2 c. à thé) de sel
250 ml (1 tasse) de dattes hachées ou de raisins
45 ml (3 c. à soupe) de noix de pin

Préchauffer le four à 175 °C (350 °F).

Beurrer une plaque à biscuits.

Dans un bol, battre le beurre et la cassonade en crème. Ajouter l'œuf, la citrouille et la vanille.

Dans un bol, tamiser la farine, la poudre à pâte, les épices et le sel.

Ajouter graduellement au mélange précédent. Ajouter les dattes ou les raisins.

Déposer par cuillérée sur la plaque à biscuits. Garnir de noix de pin.

Cuire 15 minutes. 🌿

Manuela Dumouchel
Cercle Sainte-Anne-des-Plaines
Fédération 16

Délice aux ananas

Pour 8 personnes
Temps de préparation : *15 minutes*
Temps de réfrigération : *3 ou 6 heures*

Ingrédients

18 biscuits Graham entiers
1 boîte de 540 ml (19 oz) d'ananas broyés
15 ml (1 c. à soupe) de fécule de maïs
60 ml (1/4 tasse) de beurre ramolli
375 ml (1 1/2 tasse) de sucre en poudre
1 œuf
250 ml (1 tasse) de crème 35 %

Dans une casserole, faire bouillir les ananas et leur sirop 5 minutes. Ajouter la fécule de maïs délayée dans un peu d'eau froide et laisser mijoter 1 minute. Retirer du feu et laisser refroidir.

Dans un bol, battre le beurre et le sucre. Ajouter l'œuf et battre jusqu'à consistance crémeuse.

Dans un moule carré de 20,5 cm (8 po) de coté, déposer un rang de biscuits. Verser la crème aux œufs. Recouvrir d'un autre rang de biscuits. Étendre les ananas refroidis.

Dans un bol, fouetter la crème 35 %.

Étaler sur les ananas et réfrigérer au moins 6 heures. 🌿

181

Chantal Beauvillier
Cercle Saint-Hugues, Fédération 09

Si vous souhaitez une croûte moins croustillante, verser quelques gouttes de lait sur les biscuits. Le temps de réfrigération sera alors réduit à 3 heures.

Carrés à la rhubarbe

Pour 8 personnes

Temps de préparation : 15 minutes

Temps de cuisson : 40 minutes

Ingrédients

Croûte

60 ml (1/4 tasse) de beurre fondu

60 ml (1/4 tasse) de cassonade, peu tassée

125 ml (1/2 tasse) de farine

Garniture

1 l (4 tasses) de rhubarbe, coupée en cubes

45 ml (3 c. à soupe) d'eau

375 ml (1 1/2 tasse) cassonade

45 ml (3 c. à soupe) de farine

1 ml (1/4 c. à thé) de sel

3 œufs, battus

60 ml (1/4 tasse) de beurre fondu

60 ml (1/4 tasse) de crème 10 %

Préchauffer le four à 175 °C (350 °F).

Beurrer un moule carré de 20,5 cm x 20,5 cm (8 po x 8 po).

Préparation de la croûte : dans un grand bol, mélanger le beurre fondu, la cassonade et la farine. Étendre dans le moule beurré.

Préparation de la garniture : dans une casserole, mettre la rhubarbe et l'eau et laisser mijoter à couvert 15 minutes. Retirer du feu et laisser tiédir. Égoutter et réserver.

Dans un autre bol, mélanger la cassonade, la farine et le sel.

Dans un autre bol, battre les œufs. Ajouter le beurre fondu et la crème. Ajouter au mélange de cassonade, de farine et de sel. Ajouter la rhubarbe égouttée.

Déposer dans le moule et cuire au four 40 minutes ou jusqu'à ce qu'un couteau piqué au centre en ressorte sec.

Louise Baribault

Cercle Saint-Césaire, **Fédération 10**

Si vous utilisez de la rhubarbe congelée, ne pas ajouter d'eau pour la cuisson de la garniture.

Mousse aux fraises

Pour 4 personnes

Temps de préparation : 15 minutes

Temps de refroidissement : 30 minutes

Ingrédients

125 ml (1/2 tasse) de sucre

250 ml (1 tasse) de fraises

125 ml (1/2 tasse) d'eau

1 blanc d'oeuf

Dans le robot culinaire, mélanger le sucre, les fraises et l'eau. Pulser et laisser reposer. Répéter l'opération à quelques reprises en laissant le mélange reposer à chaque fois.

À l'aide d'un fouet, battre le blanc d'œuf et l'incorporer délicatement au mélange. Verser le mélange dans un moule allant au congélateur.

Placer le moule au congélateur. Sortir du congélateur après 30 minutes et fouetter la préparation. Remettre au congélateur au besoin jusqu'à obtenir une mousse de consistance assez ferme, mais sans la geler.

Servir dans des bols à dessert et garnir de fraises. 🌱

Georgette Landry
Cercle Nouvelle, **Fédération 01**

Carrés aux dattes et aux pommes

Pour 24 carrés
Temps de préparation : *15 minutes*
Temps de cuisson : *40 minutes*

Ingrédients

250 ml (1 tasse) de dattes, coupées en deux
4 pommes Cortland, coupées en morceaux
375 ml (1 1/2 tasse) d'eau
2 ml (1/2 c. à thé) de cannelle (Suite) ➤

500 ml (2 tasses) de farine de blé entier
125 ml (1/2 tasse) de graines de lin moulues
Le zeste d'une orange
5 ml (1 c. à thé) de sel
125 ml (1/2 tasse) de jus d'orange
60 ml (1/4 tasse) d'huile de canola
250 ml (1 tasse) de farine d'avoine
125 ml (1/2 tasse) d'amandes effilées

Dans une casserole, verser l'eau, y mettre les dattes, les pommes et la cannelle et cuire 30 minutes à feu doux. Retirer du feu et écraser avec un pilon. Réserver.

Préchauffer le four à 175 °C (350 °F).

Dans un grand bol, mélanger la farine, les graines de lin moulues, le zeste d'orange et le sel. Ajouter le jus d'orange et l'huile. Étendre la préparation dans un moule huilé de 20,5 cm x 25 cm (8 po x 10 po), en prenant soin de réserver 180 ml (3/4 tasse) pour le mélange du dessus. Cuire au four 10 minutes.

Étendre la préparation de dattes et de pommes sur la croûte.

Dans un bol, mélanger la pâte restante à la farine d'avoine et aux amandes. Répartir uniformément sur le dessus du mélange de fruits.

Cuire au four 30 minutes. Laisser tiédir avant de couper. 🌱

Rose-Marie Dugas
Cercle Nouvelle, **Fédération 01**

Ces carrés se congèlent très bien.

Crêpes avec sirop d'érable et gingembre

Pour 4 personnes
Temps de préparation : 15 minutes
Temps de cuisson : 10 minutes

Ingrédients

Sirop

125 ml (1/2 tasse) de sirop d'érable
60 ml (1/4 tasse) d'eau
15 ml (1 c. à soupe) de gingembre frais, râpé
15 ml (1 c. à soupe) de jus de citron

Pâte à crêpes

250 ml (1 tasse) de farine
5 ml (1 c. à thé) de sucre
1 ml (1/4 c. à thé) de sel
2 œufs
375 ml (1 1/2 tasse) de lait
5 ml (1 c. à thé) de vanille
15 ml (1 c. à soupe) de beurre fondu

Fruits de saison

Dans une casserole, chauffer le sirop d'érable, l'eau, le gingembre et le jus de citron 5 minutes. Réserver.

Préparation de la pâte à crêpes : dans un bol, mélanger la farine, le sucre et le sel. Former un puits au centre de la farine.

Dans un autre bol, battre les œufs, le lait et la vanille. À l'aide d'un fouet, incorporer ce mélange à la farine petit à petit pour obtenir une pâte onctueuse. Ajouter le beurre fondu.

Enduire le fond d'une poêle d'un peu d'huile et laisser chauffer quelques instants. Verser 60 ml (1/4 tasse) de pâte à crêpes. Répartir la pâte sur toute la surface de la poêle. Faire dorer 1 minute à feu moyen. Retourner et faire dorer 30 secondes. Réserver au chaud. Répéter pour les autres crêpes.

Au service, verser le sirop sur les crêpes et garnir de fruits de saison.

Fédération 08

Suggestion :

Beurre de pomme

500 ml (2 tasses) de compote de pommes
80 ml (1/3 tasse) de sirop d'érable
125 ml (1/2 tasse) de beurre

Lorsque la compote est encore chaude, ajouter le sirop et le beurre. Bien mélanger. Passer au mélangeur jusqu'à consistance onctueuse. Refroidir au réfrigérateur.

Jocelyne Villeneuve
Cercle Notre-Dame-des-Laurentides,
Fédération 25

Croustade aux bleuets

Pour 8 personnes

Temps de préparation : *15 minutes*

Temps de cuisson : *30 minutes*

Ingrédients

30 ml (2 c. à soupe) de fécule de maïs

60 ml (1/4 tasse) d'eau froide

250 ml (1 tasse) de farine

250 ml (1 tasse) d'avoine roulée

250 ml (1 tasse) de cassonade,
  peu tassée

125 ml (1/2 tasse) de beurre,
  coupé en cubes

500 ml (2 tasses) de bleuets

500 ml (2 tasses) d'eau

125 ml (1/2 tasse) de cassonade

15 ml (1 c. à soupe) de jus d'orange

2 ml (1/2 c. à thé) de zeste d'orange

125 ml (1/2 tasse) de cassonade

125 ml (1/2 tasse) d'avoine roulée

45 ml (3 c. à soupe) de beurre

Préchauffer le four à 175 °C (350 °F).

Dans un petit bol, mélanger la fécule de maïs et l'eau froide. Réserver.

Dans un grand bol, mélanger la farine, l'avoine et la cassonade. Incorporer le beurre.

Dans une casserole, mettre les bleuets, l'eau et la cassonade. Laisser mijoter 5 minutes. Ajouter la fécule de maïs diluée dans de l'eau froide. Réduire le feu et laisser mijoter jusqu'à épaississement. Retirer du feu et ajouter le jus et le zeste d'orange.

Beurrer un moule de 23 cm x 23 cm (9 po x 9 po). Tapisser le moule du mélange de farine. Verser les bleuets. Mélanger la cassonade et l'avoine roulée. Saupoudrer sur le mélange de bleuets. Parsemer de noisettes de beurre.

Cuire au four 25 minutes.

Servir chaud avec de la crème fouettée ou glacée.

Louise Lambert
Cercle Bout-de-l'île, **Fédération 13**

Gâteau 4 quarts, sauce au caramel

Pour 8 personnes
Temps de préparation : 15 minutes
Temps de cuisson : 50 minutes

Ingrédients

3 œufs, blancs et jaunes séparés
310 ml (1 1/4 tasse) de sucre
250 ml (1 tasse) de beurre fondu
15 ml (1 c. à soupe) de vanille
430 ml (1 3/4 tasse) de farine
5 ml (1 c. à thé) de poudre à pâte
1 pincée de sel

Sauce au caramel ou beurre d'érable

250 ml (1 tasse) de sirop d'érable
125 ml (1/2 tasse) de crème 35 %
15 ml (1 c. à soupe) de beurre

Préchauffer le four à 175 °C (350 °F).

Beurrer un moule carré de 20,5 cm x 20,5 cm (8 po x 8 po).

Dans un grand bol, monter les blancs d'œufs en neige jusqu'à l'obtention de pics fermes. Réserver.

Dans un bol, mousser les jaunes d'œufs avec le sucre. Ajouter le beurre fondu et la vanille.

Dans un autre bol, mélanger la farine, la poudre à pâte et le sel. Ajouter graduelle-ment au mélange de jaunes d'œufs. Incorpo-rer les blancs d'œufs en pliant le mélange délicatement. Verser dans le moule.

Cuire au four 50 minutes ou jusqu'à ce qu'un couteau piqué au centre en ressorte sec.

Préparation du caramel : dans une casse-role profonde, verser le sirop et amener jusqu'à une température de 120°C (250 °F). Surveiller attentivement pour éviter le dé-bordement. Retirer du feu.

Dans une petite casserole, chauffer la crème et le beurre. Ajouter au sirop et amener à ébullition. À l'aide d'un fouet, mélanger pour obtenir une consistance homogène. Retirer du feu. 🌱

Rose-Aline Aubé
Cercle Saint-Eugène-de-Guigues
Fédération 14

Clafoutis aux poires et au chocolat

Pour 4 personnes
Temps de préparation : 15 minutes
Temps de cuisson : 30 minutes

Ingrédients

4 poires, pelées et tranchées finement
45 ml (3 c. à soupe) de beurre
45 ml (3 c. à soupe) de sucre
5 ml (1 c. à thé) de muscade

(Suite) ➤

3 œufs

60 ml (1/4 tasse) de farine

80 ml (1/3 tasse) de lait

180 ml (3/4 tasse) de crème 35 %

60 ml (1/4 tasse) de brisures de chocolat

Préchauffer le four à 200 °C (400 °F).

Dans une poêle, chauffer 30 ml (2 c. à soupe) de beurre et faire dorer les poires légèrement. Retirer de la poêle et verser dans un bol. Saupoudrer de 30 ml (2 c. à soupe) de sucre et de muscade. Réserver.

Dans un bol, battre les œufs. Ajouter la farine et remuer. Verser le lait et la crème en remuant constamment. Ajouter les brisures de chocolat.

Beurrer un plat à gratin avec le beurre restant, saupoudrer du sucre restant et déposer les poires. Verser le mélange d'œufs, de farine, de lait, de crème et de brisures de chocolat.

Cuire 30 minutes. Laisser tiédir avant de servir. 🌿

Marcelle Bélanger
Cercle Baie-des-Sables, Fédération 02

Vous pouvez remplacer les poires par d'autres fruits selon la saison, notamment des prunes, des pommes ou des cerises dénoyautées. Dans ce cas, omettez les brisures de chocolat.

Gâteau à l'érable

Pour 8 personnes
Temps de préparation : 15 minutes
Temps de cuisson : 30 minutes

Ingrédients

500 ml (2 tasses) de farine

15 ml (3 c. à thé) de poudre à pâte

5 ml (1 c. à thé) de sel

250 ml (1 tasse) de cassonade

160 ml (2/3 tasse) de beurre

3 œufs, battus

60 ml (1/4 tasse) de sirop d'érable

160 ml (2/3 tasse) de lait

1 ml (1/4 c. à thé) d'essence d'érable

Crème au beurre

250 ml (1 tasse) de sucre

160 ml (2/3 tasse) de sirop d'érable

160 ml (2/3 tasse) d'eau

3 oeufs

300 ml (1 1/4 tasse) de beurre

250 ml (1 tasse) de graisse végétale

Préparation de la crème au beurre : dans une casserole, verser le sucre, le sirop et l'eau et cuire jusqu'à 120 °C (250 °F). Retirer du feu. Dans un bol, battre les œufs et ajouter le mélange de sirop en incorporant à la spatule jusqu'à refroidissement. Dans un bol, amalgamer le beurre et la graisse et ajouter au mélange refroidi. Bien mélanger. Réserver.

Préchauffer le four à 180 °C (375 °F).

Beurrer et fariner deux moules ronds de 20,5 cm (8 po) de diamètre.

Dans un bol, tamiser la farine, la poudre à pâte et le sel.

Dans un autre bol, crémer le beurre avec la cassonade. Ajouter les œufs et le sirop d'érable. Ajouter les ingrédients secs en deux étapes en alternant avec le lait et l'essence d'érable.

Verser la préparation dans les moules et cuire 30 minutes. Laisser tiédir et démouler.

Étendre une couche de crème au beurre sur l'un des gâteaux. Déposer le deuxième gâteau et recouvrir le tout de crème. 🍏

Cécile L. Noël
Cercle Aston-Jonction, **Fédération 07**

Gâteau à la compote de pommes

Pour 8 personnes
Temps de préparation : 15 minutes
Temps de cuisson : 45 minutes

Ingrédients

180 ml (3/4 tasse) d'eau
15 ml (1 c. à soupe) de café moulu
125 ml (1/2 tasse) de mélasse
160 ml (2/3 tasse) de beurre
  ou de graisse   (Suite) ➤

125 ml (1/2 tasse) de sucre
2 œufs, battus
15 ml (1 c. à soupe) de vanille
2 ml (1/2 c. à thé) de sel
5 ml (1 c. à thé) de muscade râpée
5 ml (1 c. à thé) de cannelle moulue
2 ml (1/2 c. à thé) de gingembre moulu
125 ml (1/2 t.) de café fort
250 ml (1 tasse) de compote de pommes
  (du commerce)
250 ml (1 tasse) de raisins épépinés
560 ml (2 1/4 tasses) de farine tout usage
10 ml (2 c. à thé) de poudre à pâte

Préchauffer le four à 175 °C (350 °F).

Beurrer un moule carré de 20,5 cm x 20,5 cm (8 po x 8 po).

Dans une casserole, mettre le café moulu et l'eau. Faire bouillir 3 à 4 minutes. Retirer du feu et ajouter la mélasse. Laisser tiédir et réserver.

Dans un bol, crémer le beurre avec le sucre. Ajouter les œufs un à la fois et bien battre entre chaque addition. Ajouter la vanille, le sel, les épices, le café fort, la compote de pommes, le mélange de café et mélasse. Enfariner les raisins. Ajouter et mélanger.

Dans un bol, mélanger la farine et la poudre à pâte. Ajouter graduellement au mélange et verser dans le moule.

Cuire au four 45 minutes ou jusqu'à ce qu'un couteau piqué au centre en ressorte sec. 🍏

Lucille Véronneau
Cercle Saint-Eugène-de-Granby
Fédération 10

Gâteau aux bananes et chocolat

Pour 12 personnes

Temps de préparation : *15 minutes*

Temps de cuisson : *40 minutes*

Ingrédients

250 ml (1 tasse) de beurre

500 ml (2 tasses) de sucre

2 œufs, battus

5 ml (1 c. à thé) de vanille

5 bananes, écrasées

750 ml (3 tasses) de farine

5 ml (1 c. à thé) de sel

10 ml (2 c. à thé) de poudre à pâte

10 ml (2 c. à thé) de bicarbonate
    de soude

250 ml (1 tasse) de crème sure
    ou 125 ml (1/2 tasse) de lait

125 ml (1/2 tasse) de cassonade

5 ml (1 c. à thé) de cannelle

300 g (10 oz) de brisures de chocolat

Préchauffer le four à 175 °C (350 °F).

Dans un bol, crémer le beurre avec le sucre. Ajouter les œufs battus et la vanille et bien mélanger. Ajouter les bananes.

Beurrer un moule de 33 cm x 23 cm (13 po x 9 po).

Dans un bol, tamiser la farine, le sel, la poudre à pâte et le bicarbonate de soude.

Mélanger les ingrédients secs en alternant avec la crème sure ou le lait en incorporant le liquide progressivement.

Verser la moitié du mélange dans le moule.

Saupoudrer 60 ml (1/4 tasse) de cassonade et la moitié de la cannelle ainsi que la moitié du chocolat. Verser le reste du mélange à gâteau et saupoudrer de cannelle et du reste de chocolat.

Cuire au four environ 40 minutes.

Huguette Brodeur

*Cercle Saint-Césaire, **Fédération 10***

Gâteau Reina

Pour 8 personnes
Temps de préparation : 15 minutes
Temps de cuisson : 50 minutes

Ingrédients

250 ml (1 tasse) d'eau
250 ml (1 tasse) de dattes, hachées
60 ml (1/4 tasse) de beurre
180 ml (3/4 tasse) de sucre
1 œuf, battu
5 ml (1 c. à thé) de vanille
375 ml (1 1/2 tasse) de farine
125 ml (1/2 tasse) de noix, hachées
5 ml (1 c. à thé) de bicarbonate de soude
5 ml (1 c. à thé) de poudre à pâte
3 ml (3/4 c. à thé) de sel

Garniture

30 ml (2 c. à soupe) de crème
125 ml (1/2 tasse) de cassonade
60 ml (1/4 tasse) de beurre
180 ml (3/4 tasse) de noix de coco

Beurrer et fariner un moule carré de 20,5 cm (8 po) de côté.

Dans une casserole, cuire les dattes dans l'eau à feu doux. Retirer du feu et laisser tiédir.

Préchauffer le four à 175 °C (350 °F).

Dans un bol, mélanger les noix, crémer le beurre et le sucre. Ajouter l'œuf et la vanille et mélanger.

Mélanger les noix à la farine. Ajouter le bicarbonate de soude, la poudre à pâte et le sel. Mélanger. Incorporer graduellement le tout dans le mélange de beurre, sucre, œuf et vanille en alternant avec le mélange de dattes.

Verser la préparation dans le moule et cuire 50 minutes.

Préparation de la garniture : dans une petite casserole, porter à ébullition la crème, la cassonade, le beurre et la noix de coco. Cuire 3 minutes. Verser sur le gâteau.

Madeleine Nicolas
Cercle Grande-Rivière, Fédération 01

Gâteau Fudge

Pour 8 personnes
Temps de préparation : 15 minutes
Temps de cuisson : 40 minutes

Ingrédients

250 ml (1 tasse) de farine
5 ml (1 c. à thé) de poudre à pâte
30 ml (2 c. à soupe) de cacao
15 ml (1 c. à soupe) de margarine
180 ml (3/4 tasse) de sucre
1 œuf, battu
125 ml (1/2 tasse) de lait
125 ml (1/2 tasse) de noix, hachées

(Suite) ▶

Sauce

125 ml (1/2 tasse) de cassonade

125 ml (1/2 tasse) de sucre

60 ml (1/4 tasse) de cacao

300 ml (1 1/4 tasse) d'eau chaude

Préchauffer le four à 175 °C (350 °F).

Beurrer un moule carré de 20,5 cm x 20,5 cm (8 po x 8 po).

Dans un bol, tamiser la farine, la poudre à pâte et le cacao.

Dans un autre bol, crémer la margarine avec le sucre. Ajouter l'œuf. Mélanger. Ajouter graduellement la farine, la poudre à pâte et le cacao en alternant avec le lait.

Dans une petite casserole, mélanger les ingrédients de la sauce et amener au point d'ébullition. Retirer du feu et réserver.

Verser la pâte dans le moule et couvrir de noix. Recouvrir de la sauce chaude.

Cuire environ 40 minutes. 🍏

Andrée Mayer
Cercle l'Ascension, **Fédération 16**

Pouding au riz, aux amandes et au miel

Pour 4 personnes
Temps de préparation : 15 minutes
Temps de cuisson : 45 minutes

Ingrédients

2 œufs, jaunes et blancs séparés

2 ml (1/2 c. à thé) de sel

500 ml (2 tasses) de lait

80 ml (1/3 tasse) de sucre

45 ml (3 c. à soupe) de miel

5 ml (1 c. à thé) de vanille

500 ml (2 tasses) de riz cuit

60 ml (1/4 tasse) d'amandes tranchées, grillées

5 ml (1 c. à thé) de muscade

Préchauffer le four à 175 °C (350 °F).

Dans un bol, battre les jaunes avec le sel. Ajouter le lait, le sucre, le miel, la vanille, le riz cuit et les amandes grillées.

Dans un autre bol, fouetter les blancs d'œufs et incorporer délicatement au mélange précédent. Verser dans un plat allant au four. Saupoudrer de muscade.

Cuire au four 45 minutes. 🍏

Fédération 13

Pain aux graines de pavot et zeste de citron

Pour 8 personnes

Temps de préparation : *15 minutes*

Temps de cuisson : *50 minutes*

Ingrédients

750 ml (3 tasses) de farine

7 ml (1 1/2 c. à thé) de bicarbonate de soude

3 ml (3/4 c. à thé) de sel

180 ml (3/4 tasse) de beurre

500 ml (2 tasses) de sucre

3 œufs

180 ml (3/4 tasse) de yogourt nature

125 ml (1/2 tasse) de jus de citron

45 ml (3 c. à soupe) de zeste de citron

125 ml (1/2 tasse) de graines de pavot

Préchauffer le four à 175 °C (350 °F).

Beurrer et fariner deux moules à pain.

Dans un bol, tamiser la farine, le bicarbonate de soude et le sel.

Dans un grand bol, crémer le beurre et le sucre. Ajouter les œufs un à la fois en battant entre chaque addition. Ajouter les ingrédients secs en deux étapes en alternant avec le jus de citron, le yogourt. Enfariner le zeste et les graines de pavot et incorporer au mélange.

Verser la préparation dans les moules et cuire environ 50 minutes.

Laisser tiédir 15 minutes sur une grille avant de démouler. ❦

Clémence Bélanger
Cercle Saint-Cyrille, **Fédération 03**

Scones aux abricots et à la crème sure

Pour 8 personnes

Temps de préparation : *15 minutes*

Temps de cuisson : *15 minutes*

Ingrédients

500 ml (2 tasses) de farine

5 ml (1 c. à thé) de poudre à pâte

125 ml (1/2 tasse) de beurre

30 ml (2 c. à soupe) de cassonade

80 ml (1/3 tasse) de crème sure

1 œuf

250 ml (1 tasse) d'abricots séchés

5 ml (1 c. à thé) de romarin frais

15 ml (1 c. à soupe) de lait

15 ml (1 c. à soupe) de cassonade

Préchauffer le four à 230 °C (450 °F).

Dans un bol, mélanger la farine et la poudre à pâte. Incorporer le beurre, puis la cassonade. Ajouter la crème sure et l'œuf en remuant constamment. Incorporer les abricots et le romarin.

Sur un plan de travail enfariné, rouler la pâte jusqu'à obtenir 2 cm (3/4 po) d'épaisseur. Découper des cercles de 6 cm (2 1/2 po) de diamètre et les déposer sur une plaque à biscuits. À l'aide d'un pinceau, badigeonner de lait. Saupoudrer de cassonade.

Cuire 15 minutes. Laisser tiédir avant de les couper horizontalement en deux parties.

Servir avec une salade de fruits frais. 🍏

Cécile Paris
*Cercle Fortierville, **Fédération 18***

Si vous n'avez pas de crème sure, utilisez de la crème 15 % à laquelle vous ajoutez 15 ml (1 c. à soupe) de vinaigre.

*Les **scones** se servent également bien au petit déjeuner. Pour un buffet, découpez des cercles plus petits pour obtenir des scones de petite dimension et placez-les dans une assiette tout près de la salade de fruits.*

Pommes épicées au four

Pour 4 personnes
Temps de préparation : 10 minutes
Temps de cuisson : 20 minutes

Ingrédients
4 pommes
30 ml (2 c. à soupe) de jus de citron frais
250 ml (1 tasse) de cassonade
125 ml (1/2 tasse) de pacanes, grillées

(Suite) ➤

15 ml (1 c. à soupe) de muscade en poudre
15 ml (1 c. à soupe) de cannelle en poudre
5 ml (1 c. à thé) de clou de girofle en poudre
45 ml (3 c. à soupe) de beurre
125 ml (1/2 tasse) d'eau

Préchauffer le four à 230 °C (450 °F).

Couper le tiers supérieur de chaque pomme et retirer le cœur. Placer les pommes dans un plat allant au four et arroser de jus de citron.

Dans un bol, mélanger la cassonade, les pacanes, la muscade, la cannelle et le clou de girofle. Farcir chaque pomme de ce mélange. Déposer des noisettes de beurre sur chaque pomme. Verser 125 ml (1/2 tasse) d'eau dans le plat.

Cuire au four 20 minutes.

Laisser tiédir avant de servir. 🍏

Fédération 02

Scones avec garniture de fenouil et de rhubarbe

Pour 8 personnes
Temps de préparation : 15 minutes
Temps de cuisson : 40 minutes

Ingrédients

500 ml (2 tasses) de farine
10 ml (2 c. à thé) de poudre à pâte
45 ml (3 c. à soupe) de sucre
2 ml (1/2 c. à thé) de cannelle
1 ml (1/4 c. à thé) de sel
60 ml (4 c. à soupe) de beurre
250 ml (1 tasse) de lait
1 œuf
15 ml (1 c. à soupe) de crème 15 %
30 ml (2 c. à soupe) de sucre

Garniture

250 ml (1 tasse) de sucre
45 ml (3 c. à soupe) de fécule de maïs
250 ml (1 tasse) de jus de canneberges
750 ml (3 tasses) de fenouil,
    haché finement
5 ml (1 c. à thé) de vanille
1,5 l (6 tasses) de rhubarbe, en cubes

Préchauffer le four à 230 °C (450 °F).

Préparation de la garniture : dans une casserole, mélanger le sucre et la fécule de maïs. Ajouter le jus de canneberges et le fenouil et amener à ébullition. Réduire le feu et laisser mijoter 20 minutes. Ajouter la vanille et remuer. Ajouter la rhubarbe et laisser mijoter 20 minutes.

Entretemps, dans un bol, mélanger la farine, la poudre à pâte, le sucre, la cannelle et le sel. Incorporer le beurre. Verser le lait et l'oeuf en remuant constamment.

Sur un plan de travail enfariné, rouler la pâte jusqu'à obtenir 2 cm (3/4 po) d'épaisseur. Découper des cercles de 6 cm (2 1/2 po) de diamètre et déposer sur une plaque à biscuits. À l'aide d'un pinceau, badigeonner de crème. Saupoudrer de sucre.

Cuire 15 minutes. Laisser tiédir avant de les couper horizontalement en deux parties.

Au service, farcir de garniture et décorer d'une cuillerée de crème fouettée.

Fédération 15

Vous pouvez omettre d'inclure le fenouil dans la garniture et farcir les scones d'une confiture de rhubarbe ou de fraises.

Tarte à la rhubarbe

Pour 8 personnes
Temps de préparation : 15 minutes
Temps de cuisson : 15 minutes

Ingrédients

450 g (1 lb) de rhubarbe,
    coupée en cubes
80 ml (1/3 tasse) d'eau
125 ml (1/2 tasse) de sucre
60 ml (1/4 tasse) de fécule de maïs
1 jaune d'œuf

1 moule à tarte foncé d'une croûte
    de biscuits Graham

Meringue

2 blancs d'œufs
60 ml (1/4 tasse) de sucre

Dans une casserole, mettre la rhubarbe, l'eau et le sucre. Cuire jusqu'à ce que la rhubarbe soit tendre.

À l'aide d'une passoire, égoutter au dessus d'un bol et conserver le liquide de cuisson.

Dans un bol, mélanger la fécule de maïs dans 45 ml (3 c. à soupe) du liquide de cuisson.

Dans une casserole, amener le reste du liquide de cuisson à légère ébullition. Retirer du feu et ajouter la fécule de maïs diluée et remettre sur le feu. Amener à légère ébullition et remuer jusqu'à épaississement. Retirer du feu et ajouter le jaune d'œuf en remuant.

Préchauffer le four à 190 °C (375 °F).

Préparation de la meringue : dans un bol, fouetter les blancs d'œufs en neige ferme. Ajouter graduellement la moitié du sucre. Fouetter à nouveau et incorporer délicatement le reste du sucre.

Déposer la rhubarbe sur la croûte. Verser le mélange de liquide de cuisson, de fécule de maïs et de jaune d'œuf sur la rhubarbe.

Couvrir de meringue et cuire au four 15 minutes.

Servir chaud.

Diane Poirier
Cercle Sainte-Anne-des-Plaines
Fédération 16

Tarte amandine à la rhubarbe

Pour 8 personnes
Temps de préparation : 15 minutes
Temps de repos : 2 heures
Temps de cuisson : 40 minutes

Ingrédients

750 ml (3 tasses) de rhubarbe,
    coupée en cubes
250 ml (1 tasse) de sucre
1 œuf
125 ml (1/2 tasse) d'amandes en poudre
60 ml (1/4 tasse) d'amandes en lamelles

Une croûte de pâte sablée (du commerce)

(Suite) ➤

Préchauffer le four à 200 °C (400 °F).

Dans une casserole, mettre la rhubarbe et saupoudrer avec 60 ml (1/4 tasse) de sucre. Laisser dégorger 2 heures.

Étendre la pâte et la déposer dans une assiette à tarte. Mettre au congélateur pendant 30 minutes.

Dans un bol, battre l'œuf et le restant du sucre à la fourchette. Ajouter les amandes en poudre.

Égoutter la rhubarbe et déposer les cubes dans la croûte partiellement congelée. Recouvrir du mélange d'œuf. Parsemer d'amandes en lamelles.

Cuire au four 10 minutes à 200 °C (400 °F) et poursuivre la cuisson à 180 °C (375 °F) 30 minutes. 🌿

Françoise Bélanger
Cercle Saint-Guillaume
Fédération 07

Tarte au caramel

Pour 8 personnes
Temps de préparation : 15 minutes

Ingrédients

2 jaunes d'œufs
375 ml (1 1/2 tasse) de cassonade
5 ml (1 c. à thé) de sel
375 ml (1 1/2 tasse) de lait
60 ml (1/4 tasse) de farine
30 ml (2 c. à soupe) de beurre
5 ml (1 c. à thé) de vanille

2 blancs d'œufs
30 ml (2 c. à soupe) de sucre à glacer

Une abaisse de tarte déjà cuite

Dans une casserole, battre les jaunes. Ajouter la cassonade, le sel, le lait, la farine, le beurre et la vanille. Brasser constamment jusqu'à épaississement sans atteindre le point d'ébullition. Laisser tiédir et verser dans l'abaisse.

Chauffer le four à « broil ».

Entretemps, monter les blancs d'œufs en neige jusqu'à consistance semi-ferme. Ajouter le sucre à glacer et continuer à battre jusqu'à consistance ferme. Étendre sur la tarte et griller au four quelques instants. 🌿

Danielle Larouche
Cercle Baie-Saint-Paul, Fédération 25

Tarte aux pêches et aux framboises

Pour 8 personnes

Temps de préparation : *15 minutes*

Temps de cuisson : *40 minutes*

Ingrédients

125 ml (1/2 tasse) de sucre

30 ml (2 c. à soupe) de fécule de maïs

3 pêches, tranchées (en conserve et réserver 60 ml (1/4 tasse) de sirop)

1 paquet de 284 ml (10 oz) de framboises surgelées (réserver le sirop)

15 ml (1 c. à soupe) de beurre

Sauce

10 ml (2 c. à thé) de fécule de maïs

60 ml (1/4 tasse) de gelée de groseilles

125 ml (1/2 tasse) de sirop de framboises (sirop réservé)

Une croûte de pâte sablée (du commerce)

Dans un bol, laisser décongeler les framboises et conserver le sirop.

Étendre la pâte et la déposer dans une assiette à tarte. Mettre au congélateur pendant 30 minutes.

Préchauffer le four à 220 °C (425 °F).

Dans une casserole, mélanger le sucre et la fécule de maïs. Ajouter le sirop des pêches. Amener à ébullition, réduire le feu et laisser mijoter 1 minute.

Dans un bol, déposer les pêches et verser le sirop chaud.

Disperser les framboises sur la pâte. Ajouter le mélange de pêches et le beurre.

Cuire au four 40 minutes.

Préparation de la sauce : *dans une casserole, mélanger la fécule de maïs, la gelée de groseilles et le sirop conservé des framboises. Amener à ébullition, réduire le feu et laisser mijoter 1 minute. Verser sur la tarte tiède.*

Fédération 12

Tarte chiffon à l'orange

Pour 8 personnes

Temps de préparation : 15 minutes

Temps de refroidissement : 15 minutes

Ingrédients

Croûte

125 ml (1/2 tasse) de beurre

225 g (8 oz) de biscuits secs
   au gingembre, émiettés

30 ml (2 c. à soupe) de cassonade

Garniture

1 boîte de 85 g (3 oz) de poudre
   pour gelée à l'orange (type Jell-O)

1 paquet de 250 ml (8 oz) de fromage
   à la crème

Décoration

160 ml (2/3 tasse) de crème 35 %

1 boîte 284 ml (10 oz) de mandarines
   en quartiers, égouttées

Dans une casserole, faire fondre le beurre et incorporer les biscuits et la cassonade.

Déposer la préparation dans un moule à tarte. Presser fermement pour répartir la préparation dans le fond et sur les parois. Réfrigérer.

Dans un bol, dissoudre la poudre pour gelée dans 250 ml (1 tasse) d'eau bouillante. Ajouter 250 ml (1 tasse) d'eau froide. Laisser prendre à demi.

Dans un bol, battre le fromage à la crème et incorporer graduellement dans la préparation à l'orange.

Verser le mélange dans le moule et réfrigérer.

Pour décorer : Fouetter la crème jusqu'à consistance ferme. Garnir la tarte et décorer avec les quartiers de mandarine.

Sara Mayrand Dubois
Cercle Aston-Jonction, **Fédération 07**

Crème glacée au sirop d'érable

Pour 8 personnes

Temps de préparation : 20 minutes

Temps de congélation : 60 minutes

Ingrédients

2 œufs

1 ml (1/4 c. à thé) de sel

500 ml (2 tasses) de crème 35 %

160 ml (2/3 tasse) de sirop d'érable

5 ml (1 c. à thé) de vanille

60 ml (1/4 tasse) d'amandes grillées
   ou de sucre d'érable (facultatif)

Dans un bol, fouetter les œufs avec le sel. Ajouter la crème et battre de 5 à 7 minutes.

Incorporer le sirop et la vanille en filet tout en continuant de battre pour obtenir une crème épaisse.

Verser dans un contenant pour crème glacée. Ajouter des amandes grillées ou du sucre d'érable en morceaux si désiré.

Brasser, couvrir et congeler. À l'aide d'une spatule en métal, brasser toutes les 20 minutes en mélangeant bien la préparation à partir du fond du contenant pour rendre la crème plus souple. Répéter cette opération 3 fois dans la première heure de la congélation.

Garder au congélateur. 🌱

Lise Richard Bouffard
Cercle Saint-Raphaël, Fédération 04

Mousse au chocolat

Pour 8 personnes
Temps de préparation : 20 minutes

Ingrédients

225 g (8 oz) de chocolat, cassé
    en petits morceaux
60 ml (1/4 tasse) de café corsé
5 œufs, blancs et jaunes séparés
45 ml (3 c. à soupe) de sucre
125 ml (1/2 tasse) de crème 35 %
5 ml (1 c. à thé) de vanille
60 ml (1/4 tasse) de sucre
Zeste d'orange

Dans un bain-marie, faire fondre le chocolat. Ajouter le café. Réserver.

Dans un bol, battre les jaunes d'œufs avec le sucre pour obtenir un mélange mousseux.

Incorporer ce mélange au chocolat tiède.

Dans un bol, fouetter la crème aromatisée de vanille et ajouter à la mousse.

Dans un bol, monter les blancs en neige et incorporer délicatement à la mousse.

Verser la mousse dans des coupes ou dans un plat rond et couvrir d'une pellicule plastique. Réfrigérer au moins 2 heures avant de servir.

Décorer d'un peu de crème chantilly ou d'un zeste d'orange. 🌱

Fédération 12

On peut varier la saveur de la mousse en ajoutant 30 ml (2 c. à soupe) d'alcool (rhum, Cointreau ou kirsch) ou des épices comme de la cardamome ou de la menthe.

Pâte à choux

Pour 8 personnes
Temps de préparation : 15 minutes
Temps de cuisson : 50 minutes

Ingrédients

250 ml (1 tasse) d'eau

60 ml (4 c. à soupe) de beurre

15 ml (1 c. à soupe) de sucre

1 ml (1/4 c. à thé) de sel

160 ml (2/3 tasse) de farine

4 œufs

250 ml (1 tasse) de crème 35 %, fouettée
ou 250 ml (1 tasse) de crème glacée
à la saveur de votre choix

Préchauffer le four à 200 °C (400 °F).

Dans une casserole, mettre l'eau, le beurre, le sucre et le sel. Porter à ébullition.

Dès que le beurre est fondu, ajouter la farine en une seule fois.

À l'aide d'une spatule en bois, brasser le mélange pour dessécher la pâte et jusqu'à ce qu'elle se détache de la casserole et forme une boule homogène.

Retirer du feu et laisser tiédir 2 à 3 minutes.

Hors du feu, ajouter les œufs un par un en battant bien à la cuillère entre chaque addition.

Verser la pâte dans une poche à pâtisserie et déposer des boules de pâte de la grosseur d'un petit œuf sur une plaque à biscuits.

Cuire 50 minutes.

Laisser refroidir. Couper les choux en deux et garnir de crème fouettée ou de crème glacée.

Fédération 08

Vous pouvez farcir les choux de crème pâtissière ou de mousse au chocolat (recette en page 199).

Pain aux bananes

Pour 8 personnes
Temps de préparation : 15 minutes
Temps de cuisson : 50 minutes

Ingrédients

430 ml (1 3/4 tasse) de farine

10 ml (2 c. à thé) de poudre à pâte

2 ml (1/2 c. à thé) bicarbonate de soude

2 ml (1/2 c. à thé) de sel

2 œufs

160 ml (2/3 tasse) de sucre

30 ml (2 c. à soupe) de beurre non salé, tempéré

80 ml (1/3 tasse) d'huile d'olive

2 bananes bien mûres, en purée

Le jus d'une lime

5 ml (1 c. à thé) de vanille

Préchauffer le four à 175 °C (350 °F).

Beurrer et fariner un moule à pain.

Dans un bol, tamiser la farine, la poudre à pâte, le bicarbonate de soude et le sel.

Dans un grand bol, battre les oeufs et incorporer le sucre. Ajouter le beurre tempéré et l'huile d'olive. Battre à nouveau. Ajouter la purée de bananes, le jus de lime et la vanille. Mélanger.

Ajouter graduellement les ingrédients secs.

Verser la préparation dans les moules et cuire environ 45 minutes.

Laisser tiédir 15 minutes sur une grille avant de démouler. 🌿

Fédération 02

Si vous avez un surplus de bananes mûres, vous pouvez les congeler. Il suffit de réduire les bananes en purée et ajouter un peu de jus de citron et placer dans un sac de plastique refermable en quantité de 250 ml (1 tasse).

Poires pochées au beurre d'orange

Pour 4 personnes
Temps de préparation : 10 minutes
Temps de cuisson : 60 minutes

Ingrédients

4 poires, épluchées
1 l (4 tasses) d'eau
250 ml (1 tasse) de sucre
15 ml (1 c. à soupe) de vanille
15 ml (1 c. à soupe) de cannelle
  en poudre
5 ml (1 c. à thé) de muscade en poudre
5 ml (1 c. à thé) de grains de poivre noir
1 clou de girofle

Beurre d'orange

375 ml (1 1/2 tasse) de jus d'orange
125 ml (1/2 tasse) de beurre,
  coupé en cubes
30 ml (2 c. à soupe) de Cointreau

Menthe fraîche pour décorer

Préparation du beurre d'orange : dans une casserole, faire mijoter le jus d'orange 30 minutes pour le réduire jusqu'au trois quarts. Retirer du feu et ajouter le beurre progressivement en fouettant pour bien l'incorporer au jus d'orange. Ajouter le Cointreau tout en fouettant. Réserver.

(Suite) ➤

Dans une autre casserole, mettre l'eau, le sucre, la vanille, la cannelle, la muscade, le poivre et le clou de girofle. Porter à ébullition et ajouter les poires. Laisser mijoter doucement 20 minutes ou jusqu'à ce que la pointe d'un couteau s'enfonce facilement dans la poire qui doit rester tendre sans être molle.

Laisser tiédir avant de servir. Garnir de beurre d'orange et d'une feuille de menthe. 🍏

Fédération 08

Les poires pochées gagnent en saveur et en consistance si elles sont préparées 1 ou 2 jours à l'avance. Elles se conservent plus d'une semaine dans leur sirop.

Pouding chômeur aux fraises

Pour 8 personnes
Temps de préparation : 15 minutes
Temps de cuisson : 50 minutes

Ingrédients

750 ml (3 tasses) de fraises fraîches
   ou congelées
30 ml (2 c. à soupe) de beurre
250 ml (1 tasse) de sucre
500 ml (2 tasses) de farine
15 ml (3 c. à thé) de poudre à pâte
2 ml (1/2 c. à thé) de sel
250 ml (1 tasse) de lait   *(Suite)* ➤

Sauce

500 ml (2 tasses) de cassonade
250 ml (1 tasse) d'eau bouillante
10 ml (2 c. à thé) de beurre
250 ml (1 tasse) de noix de coco, râpée

Préchauffer le four à 160 °C (325 °F).

Beurrer un moule en pyrex de 23 cm x 33 cm (9 po x 13 po). Déposer les fraises.

Dans un bol, battre le beurre et le sucre.

Dans un autre bol, mélanger la farine, la poudre à pâte et le sel. Incorporer graduellement au mélange de beurre et de sucre en alternant avec le lait. Verser la pâte sur les fraises.

Préparation de la sauce : dans un bol, mélanger la cassonade, l'eau bouillante et le beurre. Verser lentement sur le gâteau. Étendre la noix de coco râpée uniformément sur le liquide.

Cuire 50 minutes. 🍏

Francine J. Lacroix
Cercle Saint-Eugène-de-Guigues
Fédération 14

Fraises Romanov

Pour 4 personnes
Temps de préparation : 15 minutes
Temps de réfrigération :
une nuit entière

Ingrédients

750 ml (3 tasses) de fraises fraîches
60 ml (1/4 tasse) de sucre
60 ml (1/4 tasse) de jus d'orange
500 ml (2 tasses) de crème 35 %
5 ml (1 c. à thé) de vanille
4 feuilles de menthe fraîche

Laver et assécher les fraises. En mettre quatre de côté pour la décoration et couper les autres en dés. Déposer les fraises coupées dans un bol. Ajouter le sucre et le jus d'orange. Mélanger. Couvrir d'une pellicule plastique et réfrigérer toute une nuit.

Dans un bol, fouetter la crème et la vanille. Ajouter la moitié des fraises coupées et fouetter jusqu'à ce que des pics se forment.

Répartir le reste des fraises coupées dans quatre coupes et garnir chacune de mélange crémeux.

Conserver au réfrigérateur.

Au momnet de servir, garnir d'une fraise coupée en éventail et d'une feuille de menthe.

Fédération 12

Collation santé

Barres tendres au miel et à l'avoine

Temps de préparation : 15 minutes
Temps de cuisson : 25 minutes

Ingrédients

750 ml (3 tasses) de flocons d'avoine (gruau)

375 ml (1 1/2 tasse) de riz croustillant (Rice Krispies)

125 ml (1/2 tasse) de poudre d'amande

180 ml (3/4 tasse) de cassonade

60 ml (1/4 tasse) de beurre non salé, fondu

60 ml (1/4 tasse) de miel

60 ml (1/4 tasse) d'huile végétale

Préchauffer le four à 175 °C (350 °F).

Dans un bol, mélanger tous les ingrédients secs.

Dans un autre bol, mélanger les ingrédients liquides et les incorporer aux ingrédients secs.

Tapisser un moule carré de 20,5 cm (8 po) de côté de papier parchemin en laissant dépasser le papier de chaque côté. Verser le mélange dans le moule.

Cuire au four 25 minutes. Retirer du four et laisser tiédir. Démouler et couper en portions rectangulaires. 🌿

Rose-Aline Aubé
Cercle Saint-Eugène-de-Guigues
Fédération 14

Boules aux fruits séchés

Temps de préparation : 15 minutes

Ingrédients

125 ml (1/2 tasse) de canneberges séchées

125 ml (1/2 tasse) d'abricots secs

125 ml (1/2 tasse) de raisins secs

80 ml (1/3 tasse) de noix de coco non sucrée

30 ml (2 c. à soupe) de miel liquide

30 ml (2 c. à soupe) de jus d'orange

125 ml (1/2 tasse) d'amandes, hachées finement

Au robot culinaire, mélanger les canneberges, les abricots, les raisins et la noix de coco.

Ajouter le miel et le jus d'orange. Mélanger.

Façonner la préparation en boules en utilisant environ 5 ml (1 c. à thé) à la fois.

Dans une assiette, étaler les amandes. Rouler les boules de façon à bien les enrober. 🌿

Madeleine Blanchette
Cercle Villeroy, **Fédération 18**

Vous pouvez préparer ces boules d'avance et les conserver dans un contenant hermétique en séparant chaque couche d'une feuille de papier ciré. Elles se conserveront jusqu'à une semaine au réfrigérateur.

Céréales santé

Temps de préparation : 15 minutes
Temps de cuisson : 45 minutes

Ingrédients

500 ml (2 tasses) de flocons d'avoine
250 ml (1 tasse) de flocons de blé
125 ml (1/2 tasse) de son de blé naturel
80 ml (1/3 tasse) de lait écrémé
   en poudre
80 ml (1/3 tasse) d'amandes, broyées
60 ml (1/4 tasse) de germe de blé
60 ml (1/4 tasse) de graines de lin
10 ml (2 c. à thé) de cannelle moulue
2 ml (1/2 c. à thé) de muscade moulue
180 ml (3/4 tasse) de jus de pomme
   non sucré
5 ml (1 c. à thé) de vanille
80 ml (1/3 tasse) de raisins secs
60 ml (1/4 tasse) d'abricots séchés,
   hachés

Préchauffer le four à 150 °C (300 °F).

Dans un grand plat peu profond allant au four, mélanger les flocons d'avoine et de blé, le son, le lait en poudre, les amandes, le germe de blé, les graines de lin, la cannelle et la muscade.

Dans une tasse à mesurer, ajouter la vanille à 125 ml (1/2 tasse) de jus de pomme. Verser sur le mélange de céréales et bien mélanger.

Cuire au four 30 minutes en remuant toutes les 10 minutes.

Entretemps, dans un bol, mélanger le jus de pomme restant avec les raisins et les abricots. Réserver.

Après les 30 minutes de cuisson, ajouter ce mélange de fruits secs aux céréales et cuire 15 minutes de plus ou jusqu'à ce que le mélange soit d'un brun doré.

Retirer du four et laisser refroidir complètement. 🍏

Fédération 05

Cette préparation se conserve un mois dans un contenant hermétique.

Déjeuner santé

Temps de préparation : 15 minutes

Ingrédients

125 ml (1/2 tasse) de graines de lin
125 ml (1/2 tasse) de graines de sésame
125 ml (1/2 tasse) de pacanes, grillées
125 ml (1/2 tasse) de pistaches, grillées
Une demi-banane, écrasée
Une demi-pomme, râpée
Le jus d'un demi-citron
30 ml (2 c. à soupe) d'huile (extra-vierge,
   1re pression seulement)
3 fruits différents, par exemple
   de la mangue, des bleuets, de la poire
125 ml (1/2 tasse) d'amandes tranchées,
   grillées

Moudre la quantité de graines de lin et de graines de sésame pour une semaine et les conserver dans un contenant hermétique au réfrigérateur. Broyer les pacanes et les pistaches, les mélanger ensemble et les conserver dans un autre contenant au réfrigérateur.

Au déjeuner, écraser la banane, ajouter le jus de citron et la pomme râpée. Mélanger.

Ajouter 30 ml (2 c. à soupe) de graines de sésame et de lin et 15 ml (1 c. à soupe) de pacanes et pistaches broyées. Ajouter l'huile et une petite quantité de fruits selon votre appétit. Décorer d'amandes tranchées. 🌱

Lise Laplante

Cercle Saint-Augustin, Fédération 18

En plus d'être succulente, cette recette vous procure des vitamines et des minéraux. Vous pouvez également servir le mélange sur du yogourt à la vanille.

Biscuits nutritifs

Temps de préparation : *15 minutes*
Temps de cuisson : *10 minutes*

Ingrédients

45 ml (3 c. à soupe) d'huile végétale
45 ml (3 c. à soupe) de cassonade
1 œuf
4 ml (3/4 c. à thé) de vanille
15 ml (1 c. à soupe) de jus d'orange non sucré
60 ml (1/4 tasse) de farine de blé entier

(Suite) ➤

2 ml (1/2 c. à thé) de poudre à pâte
1 ml (1/4 c. à thé) de sel
125 ml (1/2 tasse) de germe de blé
180 ml (3/4 tasse) de gruau
60 ml (1/4 tasse) de raisins secs
45 ml (3 c. à soupe) de graines de tournesol, non salées

Préchauffer le four à 190 °C (375 °F).

Dans un bol, incorporer l'huile à la cassonade. Ajouter l'œuf, la vanille et le jus d'orange. Bien mélanger.

Dans un autre bol, mélanger la farine de blé entier, la poudre à pâte, le sel, le germe de blé et le gruau. Ajouter graduellement au premier mélange.

Ajouter les raisins secs et les graines de tournesol. Mélanger.

Presser la pâte dans une cuillère de 15 ml (1 c. à soupe) et déposer sur une plaque à biscuits légèrement huilée.

Cuire au four 10 minutes. 🌱

Muriel C. Hayer

Cercle Nouvelle, Fédération 01

Vous pouvez remplacer les raisins secs par des bleuets ou des canneberges.

Muffins aux bananes et aux canneberges séchées

Temps de préparation : 15 minutes
Temps de cuisson : 15 minutes

Ingrédients

60 ml (1/4 tasse) de crème sure
5 ml (1 c. à thé) de bicarbonate de soude
3 bananes bien mûres
125 ml (1/2 tasse) de beurre
   à température ambiante
250 ml (1 tasse) de cassonade bien tassée
2 œufs
5 ml (1 c. à thé) de vanille
250 ml (1 tasse) de farine tout usage
125 ml (1/2 tasse) de farine de blé entier
2 ml (1/2 c. à thé) de cardamome
2 ml (1/2 c. à thé) de muscade, râpée
10 ml (2 c. à thé) de cannelle, moulue
2 ml (1/2 c. à thé) de sel
60 ml (1/4 tasse) de canneberges séchées

Préchauffer le four à 190 °C (375 °F).

Beurrer 12 grands moules à muffins.

Dans un bol, mélanger la crème sure et le bicarbonate de soude. Réserver.

Écraser les bananes et réserver.

Dans un bol, incorporer le beurre à la cassonade. Ajouter les œufs et la vanille. Ajouter la préparation de crème sure et mélanger. Incorporer les bananes à la cuillère.

Dans un autre bol, mélanger la farine tout usage, la farine de blé entier, la cardamome, la muscade, la cannelle, le sel et les canneberges.

À l'aide d'une spatule, incorporer délicatement les ingrédients humides aux ingrédients secs.

Verser le mélange dans les moules à muffins.

Cuire au four 15 minutes ou jusqu'à ce qu'un cure-dent inséré dans un des muffins en ressorte propre et sec. 🍏

Georgette Péloquin
Cercle Saint-Guillaume, *Fédération 07*

209

Les compléments aromatiques

Les compléments aromatiques

Les herbes aromatiques

Les fonds et les sauces salées

*Les marinades et
les beurres aromatisés*

Les herbes aromatiques

Fraîches

Laver les herbes, les éponger et les disposer sur un plateau recouvert d'une pellicule plastique. Placer environ 3 heures au congélateur, puis séparer les feuilles des tiges. Remettre au congélateur et consommer en moins de 6 mois.

Séchées

Certaines herbes conservent bien leur arôme et leur goût après séchage. Une façon rapide de les sécher consiste à les étendre sur une plaque et à les sécher quelques heures au four à 70 °C (160 °F). On peut ensuite conserver les herbes séchées dans un contenant hermétique 4 mois tout au plus. Le parfum des herbes séchées étant plus concentré, utiliser la moitié de la quantité spécifiée en herbes fraîches.

Les fonds

Les fonds servent à préparer ou finaliser la préparation de nombreux plats. On les utilise pour mouiller les sautés, les ragoûts et les braisés, pour amorcer une soupe et très souvent pour faire des sauces. Certains fonds sont plus aromatiques que d'autres et pour simplifier les choses, on dira qu'un fond blanc sert aux préparations délicates et peu colorées et qu'un fond brun est à préférer pour les plats plus relevés et les viandes à chair foncée.

Disposer en cuisine de fonds préparés à l'avance est un immense avantage en terme de temps et de saveur. On peut s'en procurer dans le commerce, généralement congelés, mais ils ne sont pas difficiles à réaliser à la maison pour qui veut s'en donner la peine. Voici quelques indications de base pour la préparation des fonds :

***Fond blanc de poulet** : il se prépare à partir d'une carcasse et de chutes de poulet mis à bouillir avec des légumes crus (carottes, oignons, céleri) et des herbes aromatiques (persil, thym, laurier, parfois marjolaine et/ou sauge selon vos préférences) pendant quelques heures. Comptez 500 ml (2 tasses) d'eau par 450 g (1 livre) d'aliments solides. Il suffit généralement de choisir une casserole de taille moyenne et de couvrir à peine d'eau les aliments pour que le fond ne soit pas trop clair.*

Le fond brun de poulet : ici la carcasse et les chutes de poulet et au besoin les pilons sont d'abord mis à cuire au four avec les légumes aromatiques dans une lèchefrite à 200 °C (400 °F) pour obtenir un bon brunissement et une caramélisation. On retire le tout avant de déglacer le fond de la lèchefrite avec de l'eau ou un bouillon clair en grattant les particules avec une cuillère de bois pour ne rien perdre des substances caramélisées. On reverse le jus obtenu dans une casserole sur le poulet et les légumes, on recouvre à peine d'eau ou de bouillon, on ajoute les herbes aromatiques et on laisse réduire quelques heures à petite ébullition en écumant au besoin les résidus remontés à la surface du liquide.

***Les fonds bruns** réalisés avec d'autres types de viandes (veau, bœuf, agneau, etc) se réalisent de la même manière à partir de pièces moins nobles et parfois grasses ainsi que des os idéalement à moelle, ce qui nécessitera un écumage en cours de cuisson, un dégraissage une fois le fond refroidi et un filtrage final. Mais le résultat en vaut vraiment la peine.*

***Le fumet de poisson** : le fumet est au poisson ce que le fond est aux viandes. Il se prépare de la même façon avec des légumes, principalement des oignons, et des herbes aromatiques. Il peut être blanc, c'est à dire préparé avec des parures, des têtes et des arêtes de poisson non cuites qu'on fera bouillir, ou brun, c'est à dire avec des parures préalablement passées au four pour les brunir. Au bouillon on ajoutera un tiers*

de vin blanc sec et on s'en tiendra au bouquet garni classique comme aromate. Le temps de cuisson sera de 30 à 45 minutes.

Les sauces salées

Une sauce est soit faite à partir des jus de cuisson d'une pièce mise à cuire ou à partir d'ingrédients soigneusement combinés pour convenir en saveur avec le plat qu'elle accompagnera. Aux fins de cet ouvrage, nous nous contenterons d'aborder deux grandes catégories de sauce : celles dites blanches qui accompagnent les mets délicats et celles dites brunes qui accompagnent généralement les viandes.

Les sauces blanches :

Les sauces blanches les plus classiques et les plus utilisées sont la béchamel, le velouté et les dérivés de celles-ci préparés à partir de roux blanc auxquels on ajoutera un bouillon aromatique, du beurre, un jaune d'œuf, de la crème, des herbes, des condiments et/ou des aromates, et même un liquide alcoolisé, selon la saveur et la texture recherchée.

***La sauce béchamel** : elle se prépare très simplement avec du lait et de la farine préparée en roux blanc pour servir d'agent épaississant.*

***La sauce veloutée** : elle se distingue de la sauce béchamel du fait qu'on remplace le lait par un fond blanc.*

La sauce suprême : elle s'obtient en ajoutant de la crème à la sauce veloutée.

La sauce allemande : elle s'obtient en ajoutant un jaune d'œuf à la sauce suprême.

La sauce Mornay : elle s'obtient en ajoutant deux jaunes d'œufs, un peu de crème et du fromage râpé, tel un cheddar vieilli, à la sauce béchamel.

La sauce soubise : elle s'obtient en ajoutant à la sauce béchamel une purée de petits oignons blancs préalablement blanchis.

La sauce crème : elle s'obtient en ajoutant de la crème épaisse à la sauce béchamel.

Il existe une grande quantité de variantes pour accommoder une sauce blanche au plat à servir. On peut modifier une base de sauce blanche en ajoutant des aromates comme le cari, la moutarde de Dijon, le safran, l'estragon ou la purée de tomate.

Les sauces brunes :

Elles se préparent naturellement à partir des jus de cuisson et à défaut, à partir de fonds de viande obtenus par lent braisage et réduction de pièces ou retailles de viande dans des bouillons aromatisés de légumes et d'aromates. On trouve facilement sous forme congelée dans le commerce des fonds de veau, d'agneau de bœuf et même de canard et le prix est somme toute raisonnable compte tenu du temps et du travail à mettre pour les préparer soi-même.

La demi-glace : il s'agit d'un fond de viande (au choix) qu'on a épaissi à l'aide d'un roux brun. Le roux brun s'obtient en faisant griller de la farine à feu moyen dans une poêle en prenant soin d'éviter qu'elle ne brûle en la remuant constamment avec une spatule. Une fois le roux brun incorporé au fond de viande, il suffit de laisser réduire le fond jusqu'à obtenir un sirop léger.

La glace : elle s'obtient en réduisant considérablement la demi-glace jusqu'à obtenir un sirop épais.

La sauce brune classique : elles s'obtient en préparant d'abord un bouillon aromatique à partir d'oignons, de champignons, de mirepoix, d'herbes mis à cuire dans un peu d'huile et/ou de beurre qu'on mouillera ensuite de vin (blanc ou rouge) qu'on laisse réduire quelque peu avant d'ajouter la demi-glace qu'on laissera réduire pour obtenir un sirop de la consistance désirée.

La sauce chasseur : elle s'obtient en préparant un bouillon aromatique composé de champignons, d'échalote française, de cerfeuil, d'estragon, le tout légèrement arrosé de cognac ou de brandy et ensuite mouillé au vin blanc. On finalisera avec une demi-glace de bœuf ou de veau, légèrement tomatée.

La sauce diable : elle s'obtient en préparant un bouillon aromatique composé d'échalote française, de vinaigre et de poivre de Cayenne, mouillé au vin blanc et complété par une demi-glace de bœuf ou de veau légèrement tomatée.

La sauce bordelaise : elle s'obtient en préparant un bouillon aromatique composé d'échalote française, de grains de poivre entiers, de thym, de feuille de laurier, de jus de citron, d'un peu de sel, le tout mouillé de vin rouge et complété par une demi-glace de bœuf ou de veau. Certains y ajoutent au dernier moment de la moelle et du persil ciselé.

La sauce au poivre vert : elle s'obtient en remplaçant les grains de poivre entiers de la sauce bordelaise par des grains de poivre vert (saumurés en conserve), sans ajout de moelle et de persil.

Correctifs à apporter à une sauce :

Manque de parfum : ajoutez un trait de porto ou de madère, ce qui donne une note sucrée tout en améliorant l'aspect.

Trop piquante : à une sauce blanche ajouter de la crème et du beurre fouetté avec du sucre. À une sauce brune, allonger de demi-glace et ajouter du beurre fouetté avec du sucre.

Manque de piquant : ajoutez un peu d'acidité avec quelques gouttes de vinaigre de vin ou de jus de citron.

Manque de couleur : incorporez 15 ml (1 c. à soupe) de sauce soya.

Trop grasse : ajoutez un glaçon pour favoriser la solidification, retirez les graisses avec une cuillère.

Trop liquide : préparer un roux brun et l'incorporer à la sauce sous chaleur moyenne.

Les marinades et les beurres aromatisés

Les marinades

Les marinades servent différents objectifs; celui de donner du goût aux grillades, mais également d'attendrir la viande grâce à l'élément acide de cette composition et de fournir un milieu propice à la conservation des aliments en ralentissant leur oxydation.

Les bases

La marinade devrait idéalement se composer de deux parties d'un corps gras (huile d'olive ou de canola) pour une partie d'un élément acide (jus de citron ou vinaigre) auquel on ajoute une ou plusieurs composantes aromatiques. Certains vinaigres sont puissants et il faut alors en réduire la proportion.

Pour 4 personnes, il faut compter environ 125 ml (1/2 tasse) de marinade.

Marinade de vin rouge

45 ml (3 c. à soupe) de vin rouge

30 ml (2 c. à soupe) de vinaigre
de vin rouge

30 ml (2 c. à soupe) d'huile végétale

15 ml (1 c. à soupe) de moutarde
de Dijon

15 ml (1 c. à soupe) de laurier, séché

Sel et poivre

Marinade miel et moutarde

45 ml (3 c. à soupe) d'huile de soya

30 ml (2 c. à soupe) de miel liquide

30 ml (2 c. à soupe) de moutarde
de Dijon

10 ml (2 c. à thé) de jus de citron

Sel et poivre

Marinade rhum et cari

20 ml (1 1/2 c. à soupe) de rhum brun

5 ml (1 c. à thé) d'huile d'olive

45 ml (3 c. à soupe) de yogourt nature

10 ml (2 c. à thé) de cari

Sel et poivre

Marinade italienne

60 ml (1/4 tasse) d'huile au basilic

30 ml (2 c. à soupe) de vinaigre
balsamique

45 ml (3 c. à soupe) de poudre d'oignon

Sel et poivre

Les beurres aromatisés

Les beurres aromatisés vous dépanneront à plus d'une occasion. Préparés d'avance et congelés déjà taillés en sections, ils remplacent instantanément une sauce sur une viande grillée ; sur les pâtes lors d'une soirée improvisée entre amis, sur des légumes cuits « al dente », ils apportent la touche finale.

Les beurres présentés ici se préparent tous de la même façon : placer tous les ingrédients dans un robot culinaire et faire tourner jusqu'à l'obtention d'une pâte homogène. Déposer la préparation sur une pellicule plastique et façonner en rouleau. Tailler en sections égales, intercalées par une pellicule plastique. Recomposer le rouleau et le protéger de l'air en l'enroulant dans quelques épaisseurs de pellicule plastique ou un sac hermétique prévu pour la congélation. Déposer le rouleau bien identifié au réfrigérateur où il se gardera 15 jours et jusqu'à 6 mois au congélateur.

Pour 10 portions

Beurre à l'ail et au persil

250 ml (1 tasse) de beurre, ramolli

60 ml (1/4 tasse) de persil, haché

4 gousses d'ail, pelées et émincées

Sel et poivre

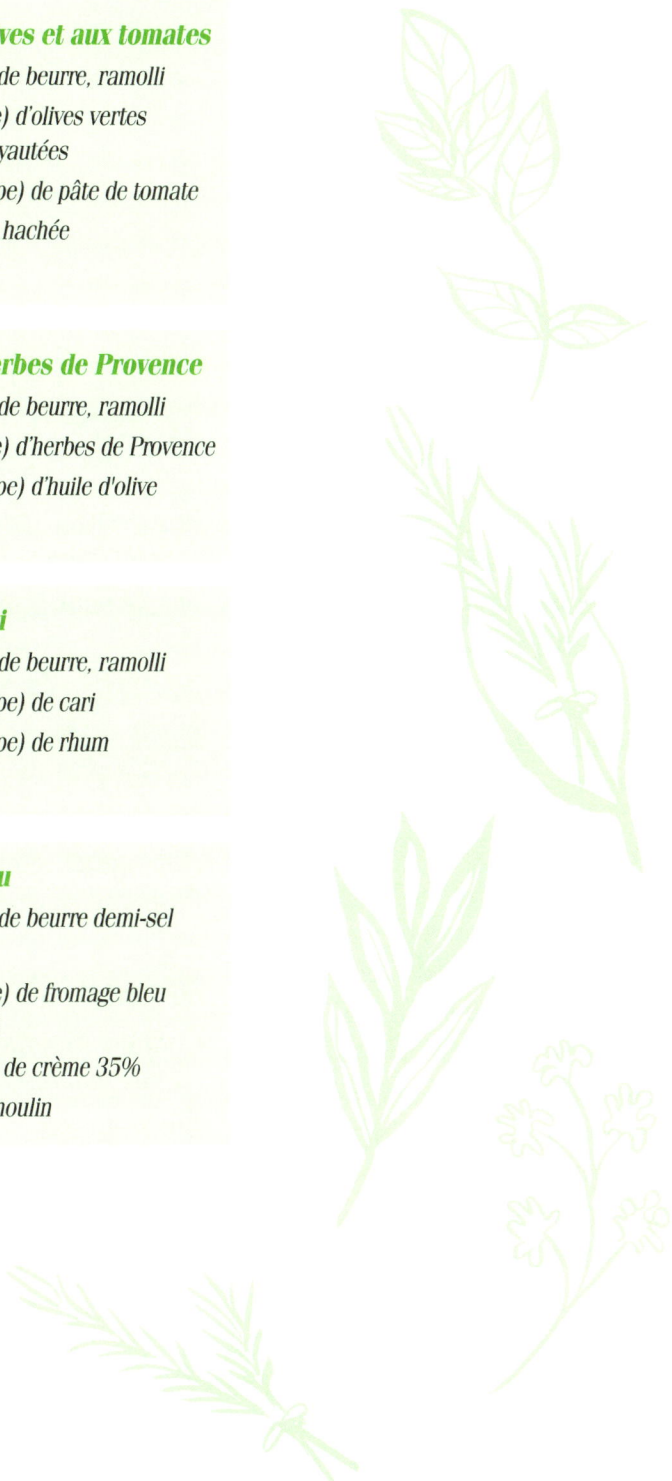

Beurre aux olives et aux tomates

250 ml (1 tasse) de beurre, ramolli

*125 ml (1/2 tasse) d'olives vertes
    ou noires, dénoyautées*

30 ml (2 c. à soupe) de pâte de tomate

1 tomate séchée, hachée

Sel et poivre

Beurre aux herbes de Provence

250 ml (1 tasse) de beurre, ramolli

125 ml (1/2 tasse) d'herbes de Provence

30 ml (2 c. à soupe) d'huile d'olive

Sel et poivre

Beurre au cari

250 ml (1 tasse) de beurre, ramolli

45 ml (3 c. à soupe) de cari

15 ml (1 c. à soupe) de rhum

Sel

Beurre au bleu

*250 ml (1 tasse) de beurre demi-sel
    ramolli*

*125 ml (1/2 tasse) de fromage bleu
    danois, émietté*

60 ml (1/4 tasse) de crème 35%

Sel et poivre du moulin

Menus

Menus 8

*Croûte de crevettes
et champignons* **7**

Chili de bœuf **50**

Tarte au caramel **196**

Menus 9

Potage de chou-fleur **20**

Coquilles de fruits de mer **88**

Gâteau Reina **190**

Menus 10

*Salade d'endives,
poires et crevettes* **32**

*Brochettes de poulet,
marinade de yogourt* **74**

Gâteau à l'érable **187**

Menus 11

*Soupe aux lentilles
et lait de coco* **22**

*Sauté de bœuf
à la mandarine* **49**

*Pain aux graines de pavot
et zeste de citron* **192**

Menus 12

Potage maritime **21**

*Côtelettes d'agneau
aux tomates* **38**

*Gâteau à la compote
de pommes* **188**

Menus 13

Mini pizza au saumon **8**

*Pain de viande épicé
au jambon* **60**

*Tarte amandine
à la rhubarbe* **195**

Menus 14

*Baluchon de poires
et de fromage bleu* **27**

*Paillards de poulet,
chutney aux tomates* **78**

Tarte au caramel **196**

Menus 15

*Velouté de potiron
aux pommes épicées* **23**

*Escalope de porc
à la moutarde* **57**

*Tarte aux pêches
et aux framboises* **197**

Menus 16

*Asperges grillées,
sauce mousseline* **26**

*Gigot d'agneau au romarin,
sauce au Madère* **39**

*Clafoutis aux poires
et au chocolat* **186**

Index

Collations santé

Les compléments aromatiques